**ENZYKLOPÄDIE
DEUTSCHER
GESCHICHTE
BAND 24**

Andrew Pettegree
mit herzlichem
Glückwunsch und
besten Erfolgwünschen
für sein Reformations-
zentrum

Berlin 22.10.43
[Unterschrift]

ENZYKLOPÄDIE
DEUTSCHER
GESCHICHTE
BAND 24

HERAUSGEGEBEN VON
LOTHAR GALL

IN VERBINDUNG MIT
PETER BLICKLE,
ELISABETH FEHRENBACH,
JOHANNES FRIED,
KLAUS HILDEBRAND,
KARL HEINRICH KAUFHOLD,
HORST MÖLLER,
OTTO GERHARD OEXLE,
KLAUS TENFELDE

DIE STADT
IN DER
FRÜHEN NEUZEIT

VON

HEINZ SCHILLING

R. OLDENBOURG VERLAG
MÜNCHEN 1993

Die Deutsche Bibliothek – CIP-Einheitsaufnahme

Enzyklopädie deutscher Geschichte / hrsg. von Lothar Gall in
Verbindung mit Peter Blickle ... – München: Oldenbourg.

ISBN 3-486-53691-5
NE: Gall, Lothar [Hrsg.]

Band 24. Schilling, Heinz: Die Stadt in der frühen Neuzeit. –
1993

Schilling, Heinz:
Die Stadt in der frühen Neuzeit / von Heinz Schilling. –
München: Oldenbourg, 1993
(Enzyklopädie deutscher Geschichte; Bd. 24)
ISBN 3-486-55030-6 brosch.
ISBN 3-486-55032-2 Gewebe

Umschlaggestaltung: Dieter Vollendorf, München

Gesamtherstellung: R. Oldenbourg Graphische Betriebe GmbH, München

ISBN 3-486-55032-2 geb.
ISBN 3-486-55030-6 brosch.

Vorwort

Die „Enzyklopädie deutscher Geschichte" soll für die Benutzer
– Fachhistoriker, Studenten, Geschichtslehrer, Vertreter benachbarter Disziplinen und interessierte Laien – ein Arbeitsinstrument sein,
mit dessen Hilfe sie sich rasch und zuverlässig über den gegenwärti-
gen Stand unserer Kenntnisse und der Forschung in den verschiedenen Bereichen der deutschen Geschichte informieren können.

Geschichte wird dabei in einem umfassenden Sinne verstanden: Der Geschichte der Gesellschaft, der Wirtschaft, des Staates in
seinen inneren und äußeren Verhältnissen wird ebenso ein großes
Gewicht beigemessen wie der Geschichte der Religion und der Kirche, der Kultur, der Lebenswelten und der Mentalitäten.

Dieses umfassende Verständnis von Geschichte muß immer
wieder Prozesse und Tendenzen einbeziehen, die säkularer Natur
sind, nationale und einzelstaatliche Grenzen übergreifen. Ihm entspricht eine eher pragmatische Bestimmung des Begriffs „deutsche
Geschichte". Sie orientiert sich sehr bewußt an der jeweiligen zeitgenössischen Auffassung und Definition des Begriffs und sucht ihn
von daher zugleich von programmatischen Rückprojektionen zu
entlasten, die seine Verwendung in den letzten anderthalb Jahrhunderten immer wieder begleiteten. Was damit an Unschärfen und
Problemen, vor allem hinsichtlich des diachronen Vergleichs, verbunden ist, steht in keinem Verhältnis zu den Schwierigkeiten, die
sich bei dem Versuch einer zeitübergreifenden Festlegung ergäben,
die stets nur mehr oder weniger willkürlicher Art sein könnte. Das
heißt freilich nicht, daß der Begriff „deutsche Geschichte" unreflek-
tiert gebraucht werden kann. Eine der Aufgaben der einzelnen
Bände ist es vielmehr, den Bereich der Darstellung auch geographisch jeweils genau zu bestimmen.

Das Gesamtwerk wird am Ende rund hundert Bände umfassen.
Sie folgen alle einem gleichen Gliederungsschema und sind mit
Blick auf die Konzeption der Reihe und die Bedürfnisse des Benut-
zers in ihrem Umfang jeweils streng begrenzt. Das zwingt vor allem
im darstellenden Teil, der den heutigen Stand unserer Kenntnisse
auf knappstem Raum zusammenfaßt – ihm schließen sich die Darle-
gung und Erörterung der Forschungssituation und eine entspre-

chend gegliederte Auswahlbibliographie an –, zu starker Konzentration und zur Beschränkung auf die zentralen Vorgänge und Entwicklungen. Besonderes Gewicht ist daneben, unter Betonung des systematischen Zusammenhangs, auf die Abstimmung der einzelnen Bände untereinander, in sachlicher Hinsicht, aber auch im Hinblick auf die übergreifenden Fragestellungen, gelegt worden. Aus dem Gesamtwerk lassen sich so auch immer einzelne, den jeweiligen Benutzer besonders interessierende Serien zusammenstellen. Ungeachtet dessen aber bildet jeder Band eine in sich abgeschlossene Einheit – unter der persönlichen Verantwortung des Autors und in völliger Eigenständigkeit gegenüber den benachbarten und verwandten Bänden, auch was den Zeitpunkt des Erscheinens angeht.

Lothar Gall

Inhalt

Vorwort des Verfassers

Der vorliegende Band „Die Stadt in der Frühen Neuzeit" steht innerhalb der Enzyklopädie deutscher Geschichte neben einer Reihe von Nachbar- und Parallelbänden, die Einzelaspekte städtisch-bürgerlichen Lebens in derselben Epoche oder die vorherige bzw. anschließende Geschichte der Stadt behandeln. Einerseits entlastet das die Darstellung. Andererseits erschwert es sie aber auch, indem sie nämlich Fäden aufnehmen oder weitergeben muß und als Ergänzung für Bände mit „benachbarter" Problemstellung dienen soll. Das macht die Komplexität eines enzyklopädischen Unternehmens in der Geschichtswissenschaft deutlich: Bei allem Streben, „persönliche Überzeugungen" zurücktreten zu lassen und Gegenstand wie Forschungsdiskussion „objektiv" zu beschreiben, läßt sich der subjektive Faktor nicht ganz ausschalten. Im vorliegenden Fall betrifft das vor allem die Auswahl der konkret zu behandelnden Sachzusammenhänge, umfaßt doch das Phänomen Stadt nahezu alle öffentlichen und privaten Lebensbereiche und ist daher Gegenstand fast jeder Teildisziplin der Geschichtswissenschaft.

Die Aufgabe in der vorgegebenen Kürze zu lösen, setzt einen geeigneten und sachgerechten Organisationskern voraus. Der Autor meint, einen solchen in der Urbanisierungsperspektive gefunden zu haben, die explizit vor allem von der angelsächsischen Geschichtswissenschaft vertreten wird und implizit auch in der jüngeren historischen Städteforschung des deutschsprachigen Raumes anzutreffen ist. Der wichtigste Vorteil dieser Perspektive ist ihr epochal übergreifender und europäisch vergleichender Ansatz, der der traditionsreichen und außerordentlich differenzierten deutschen Stadtgeschichte wichtige Impulse setzen kann. Zu den wichtigsten Erkenntnissen dieser Sichtweise zählt, daß die Urbanisierung in Europa in den einzelnen Epochen und Regionen unterschiedliche Rhythmen und Akzente besaß. Für die deutsche Stadt der Frühen Neuzeit

lenkt diese Erkenntnis den Blick auf die frühmoderne territoriale
Staatsbildung, der bereits die traditionelle deutsche Städteforschung
die größte Aufmerksamkeit widmete. Unter dem neuen Paradigma
„Urbanisierung" erhält sie aber eine gänzlich neue Bewertung für
die neuzeitliche Stadt in Deutschland. Die vorliegende Darstellung
wird daher neben den demographischen und strukturell-funktiona-
len Zusammenhängen als den Grundkategorien des Urbanisierungs-
paradigmas insbesondere die Geschichte der Beziehungen von Stadt
und frühmodernem Staat behandeln, und zwar sowohl im enzyklopädischen als auch im forschungsgeschichtlichen Teil.

Von den speziellen Forschungsfeldern der frühneuzeitlichen
Stadtgeschichte erhält nur noch „Stadt, Kirche und Religion" ein
eigenes Kapitel – weil es eng mit der Hauptachse „Stadt und frühmoderne Staatsbildung" verkoppelt ist und weil hier in der Dialek-
tik von Konfessionalisierung und Säkularisierung in ähnlicher
Weise ein Fundamentalprozeß der Neuzeit zur Debatte steht wie bei
der Staatsbildung. Demgegenüber werden Wirtschafts-, Kultur- und
Bildungs- sowie Sozial- und Gesellschaftsgeschichte der frühneuzeitlichen Stadt und des frühmodernen Bürgertums implizit als
Teile des Urbanisierungsgeschehens erörtert. Das bedeutet nicht,
daß der Autor die Vorgänge auf diesen Gebieten als weniger signifi-
kant und bedeutsam für die frühneuzeitliche Stadt in Deutschland
ansähe. Doch die Forschungen waren auf all diesen Teilbereichen
so intensiv, daß ihre explizite Abhandlung in eigenen Kapiteln den
Band sprengen würde, wollte man ihm nicht den drei- bis vierfa-
chen Umfang zugestehen. Inhaltlich ist diese Entscheidung dadurch
gerechtfertigt, daß die genannten Sachverhalte in der Frühen Neuzeit alle über die Stadt hinausweisen. Das gilt auch und vor allem
für die Geschichte des Bürgertums, die sich bereits früh in der werdenden Neuzeit in die Geschichte des Stadt- und die des Territorial-
bürgertums aufspaltet. Zudem liegen Nachbar- und Parallelbände
vor oder sind geplant, die in ihrer Perspektive auch die entsprechenden stadt- und bürgergeschichtlichen Sachverhalte behandeln. Als
Konsequenz dieser darstellerischen Auswahl sind auch in der Bibliographie unter der Rubrik „Kultur, Bildung, Sozialgeschichte"
nur die unter der Urbanisierungsperspektive behandelten sowie wenige weitere grundlegende Titel genannt.

Gießen, im Februar 1992   Heinz Schilling

I. Enzyklopädischer Überblick

Folgt man dem Urteil der Zeitgenossen, so erlebte die deutsche Stadt in der Frühen Neuzeit einen radikalen Niedergang. Im ausgehenden Mittelalter wurde Deutschland wegen seiner „überaus glänzende(n) Städte" oder des „unverdrossenen Fleisses und der emsigen Betriebsamkeit seiner Bürger" gelobt (E. S. Piccolomini; J. Wimpfeling). Dagegen ist das Bild in den Reiseberichten und Zeitdokumenten des späten 18. und frühen 19. Jahrhunderts von der Welt der Höfe bestimmt. Wo Städte der Erwähnung für wert gefunden werden, sind es – abgesehen von den Sonderfällen Wien und Berlin – kleine oder mittlere Residenzstädte, wie etwa im Deutschlandbuch der Mme. de Staël das „provinzielle" und ganz vom Hof geprägte Weimar. Noch unmittelbar vor Beginn der Industrialisierung Mitte des 19. Jahrhunderts boten selbst Essen und Dortmund, die innerhalb einer Generation zu dynamischen Industriezentren aufsteigen sollten, topographisch, gesellschaftlich und geistig dasselbe Erscheinungsbild wie die 1862/63 von Wilhelm Raabe in dem realistischen Roman „Der Hungerpastor" beschriebene Idylle Neustadt: „Es lag und liegt in einem weiten Tal, umgeben von Hügeln und Bergen. [...] Trotz seines Namens ist es nicht neu mehr; mühsam hat es seine Existenz durch wilde Jahrhunderte gerettet und genießt jetzt eines ruhigen, schläfrigen Greisenalters. Die Hoffnung, noch einmal zu etwas Rechtem zu kommen, hat's allmählich aufgegeben und fühlt sich darum nicht unbehaglicher". Sicher, diesen nach Tausenden zählenden „Heimatstädten" (*home-towns*, MACK WALKER), denen die Bewohner emotional verbunden waren, weil sie eigene kleine Welten der Vertrautheit, der Zusammengehörigkeit und der unwandelbaren Zuverlässigkeit boten, ist der Glanz und die Dynamik der fünf oder sechs großen Hauptstädte und Handelsmetropolen hinzuzurechnen. Aufs Ganze gesehen bleibt dennoch der in den zitierten Zeitzeugnissen markierte Unterschied im gesamtgeschichtlichen Erscheinungsbild „der deutschen Stadt" zu Beginn und zu Ende der Frühen Neuzeit bemerkenswert.

War demnach die Frühe Neuzeit für das deutsche Städtewesen eine Verfallsepoche? Stand die frühneuzeitliche Stadt in Deutsch-

15./16. Jahrhundert: Lob der Zeitgenossen auf die deutsche Stadt

Negatives Erscheinungsbild im 18./19. Jahrhundert

Dominanz der „Heimatstädte"

land ganz im fürstenstaatlichen Schatten, der um so dunkler aus-
fällt, als er direkt benachbart ist zum hellen Glanz der mittelalterlichen Stadt? Erlebte im Vergleich zu den anderen europäischen Staaten das Reich zwischen Mittelalter und 19. Jahrhundert eine rund
dreihundertjährige Phase der De-Urbanisierung? Hatte somit die ältere Frühneuzeitforschung recht, wenn sie die Städte stiefmütterlich
behandelte (vgl. II, 1)? – Der enzyklopädische Überblick soll hierüber Klarheit verschaffen. Zu diesem Zweck behandelt das erste
Kapitel die Entwicklung der städtischen Bevölkerung. Der Quellenlage und der Struktur des vormodernen Städtewesens entsprechend,
muß das mosaikartig geschehen. Für die daraus resultierende Müh-
sal, sich von Ziffer zu Ziffer fortbewegen zu müssen, mag sich der
Leser dadurch entschädigt fühlen, daß er leicht greifbar Zahlenma-
terial zusammengestellt findet, das in Dutzenden von Spezialuntersuchungen verstreut ist. Die beiden folgenden Kapitel befassen sich
mit den Kardinalvorgängen der frühneuzeitlichen Urbanisierung in
Deutschland, nämlich mit Differenzierung und Funktionalisierung
des Städtewesens und mit der räumlichen Neuordnung des Städtenetzes sowie mit der Beziehungsgeschichte zwischen Stadt und Territorialstaat.

1. Die städtische Bevölkerung

a) Quantitative Urbanisierung bei konstantem demographischem Grundmuster

Die Jahrhunderte zwischen 1500 und 1800 waren für die deutschen
Städte keine markante Wachstumsphase. Das gilt sowohl für die
Zahl der im Rechtssinne als Stadt zu charakterisierenden Siedlungen als auch für den Grad der Verstädterung und für die Bevölkerungszahl einzelner Kommunen. Unter dem Aspekt der Gründung
neuer Städte hat man die drei letzten Jahrhunderte Alteuropas als
„Städtetal" beschrieben. Das ist insofern richtig, als nach der Welle
von Städtegründungen des späten Mittelalters – mit Spitzenwerten
von über 200 Neugründungen pro Jahrzehnt zu Ende des 13. Jahrhunderts – seit Mitte des 15. Jahrhunderts die Zahl der Neugründungen radikal auf rund 10 pro Jahrzehnt absank, so daß zwischen
1450 und 1800 lediglich rund 400 neue Städte gegründet wurden.
Dieses „Wellental" ging erst Mitte des 19. Jahrhunderts zu Ende,

Karte 1: Groß- und Mittelstädte in Mitteleuropa um 1450/1500

[Quelle: Stoob (Hrsg.), Die Stadt. Gestalt und Wandel bis zum industriellen Zeitalter. Köln/Wien. 2. Aufl. 1985, 155]

als die Industrialisierung eine neue Phase des Städteausbaus einleitete. Bedenkt man, daß einige der um 1450 vorhandenen Städte wieder zu Flecken oder Dörfern absanken, so kann man davon ausgehen, daß der um 1450 erreichte Stand um 1800 nur um wenige Hundert überschritten wurde: Für das mittelalterliche Deutsche Reich einschließlich der Eidgenossenschaft, aber ohne die städtereichen Niederlande, waren das rund 4000 Städte. Für das um die Schweiz

und weitere Randgebiete, vor allem im Westen und Südwesten ver-
kleinerte Reich der Frühen Neuzeit (ohne Reichsitalien) wird man
folglich anfangs mit etwa 3500, zu seinem Ende mit knapp 4000
Städten zu rechnen haben. (Die in Kapitel I, 1 angegebenen Zahlen
sind den in der Bibliographie unter B 1 vermerkten Darstellungen
zur Demographie entnommen, vor allem den Arbeiten von H. AM-
MANN, P. M. HOHENBERG/L. H. LEES, F. KOERNER, R. MOLS, H.
STOOB und J. DE VRIES.)

Aussagen über Einwohnerzahlen und deren Veränderung sind
auch in der Frühen Neuzeit meist nur Annäherungswerte, weil ge-
naue und flächendeckende Einwohnerstatistiken erst Ende des
17. Jahrhunderts einsetzen. Man sollte daher eher mit „Größenklas-
sen" als mit absoluten Zahlen operieren (vgl. dazu die Karte 1, die
die Städte zu Ende des Mittelalters in vier Größenkategorien einge-
teilt zeigt). Erschwerend tritt hinzu, daß „Deutschland" oder „deutsche Stadt" nicht immer einheitlich definiert ist, so daß etwa unter
den Großstädten Prag und Danzig teilweise zu Deutschland, teilweise zu Böhmen bzw. Polen gerechnet werden. Gelegentlich wird
sogar Wien gesondert gezählt. Danzig und Prag eingerechnet, gab es
im 16. Jahrhundert in Deutschland 25 Großstädte mit über 10 000
Einwohnern. Von diesen 25 Städten besaß nur Köln rund 40 000
Einwohner. Sieben Städte zählten zwischen 20 000 und 40 000 Einwohner, nämlich Lübeck, Danzig, Magdeburg, Nürnberg, Prag,
Straßburg und Augsburg. So bedeutende Handelsstädte wie Hamburg, Lüneburg, Braunschweig (zu Ende des Mittelalters noch
knapp über 20 000), Aachen, Frankfurt und Ulm oder Residenzstädte wie Wien, München und Würzburg lagen zwischen 10 000
und 20 000 Einwohnern. Berlin, Leipzig und Dresden zählten zu Beginn der Neuzeit noch nicht zu den Großstädten. – Am Vorabend
des Dreißigjährigen Krieges, der auch die städtische Demographie
umstürzte, war die Zahl der Großstädte auf 32 gestiegen, darunter
nun sieben mit mehr als 40 000 Einwohnern, nämlich Köln, Nürnberg, Prag, Wien, Danzig, Hamburg und Augsburg. Nachdem um
1650 die Zahl der Großstädte auf diejenige um 1500 geschrumpft
war, stieg sie seit dem ausgehenden 17. Jahrhundert wieder stetig
an, und zwar bis um 1750 auf etwa 40 und bis um 1800 auf rund 60,
davon etwa die Hälfte mit mehr als 20 000 und sieben mit mehr als
50 000 Einwohnern (Hamburg, Königsberg, Berlin, Dresden, Breslau, Prag, Wien).

Bereits diese Zahlen machen deutlich, daß das Bild vom „Städtetal" zu modifizieren ist und daß die Frühe Neuzeit auch in

*Die Zahl der Groß-
städte im 16.–
18. Jahrhundert*

*Das Bild vom
„Städtetal" ist zu
modifizieren*

Tabelle 1 Anzahl von Städten mit mindestens 10000 Einwohnern im europäischen Vergleich (Zahl der Einwohner in Tausend)

Länder	1500	1550	1600	1650	1700	1750	1800
Skandinavien	1	1	2	2	2	3	6
England und Wales	5	4	6	8	11	21	44
Schottland	1	1	1	1	2	5	8
Irland	0	0	0	1	3	3	8
Niederlande	11	12	19	19	20	18	19
Belgien	12	12	12	14	15	15	20
Heiliges Römisches Reich (Deutschland, Österreich, Böhmen)	26	30	33	26	34	41	61
Frankreich	32	34	43	44	55	55	78
Schweiz	1	1	2	2	3	4	4
Nord-Italien	21	22	30	19	22	29	33
Mittel-Italien	9	9	9	11	10	11	11
Süd-Italien	14	15	20	20	19	25	30
Spanien	20	27	37	24	22	24	34
Portugal	1	4	5	5	5	5	5
Polen	0	1	1	1	1	2	3

[Nach: 140: DE VRIES, Urbanization, 29.]

Tabelle 2 Gesamtzahl der Stadtbewohner im europäischen Vergleich in Städten mit mehr als 10000 Einwohnern (Zahl der Einwohner in Tausend)

Länder	1500	1550	1600	1650	1700	1750	1800
Skandinavien	13	13	26	63	115	167	228
England und Wales	80	112	255	495	718	1 021	1 870
Schottland	13	13	30	35	53	119	276
Irland	0	0	0	17	96	161	369
Niederlande	150	191	364	603	639	580	604
Belgien	295	375	301	415	486	432	548
Heiliges Römisches Reich (Deutschland, Österreich, Böhmen)	445	601	752	628	894	1 350	1 760
Frankreich	688	814	1 114	1 438	1 747	1 970	2 382
Schweiz	10	12	25	22	39	60	63
Nord-Italien	638	711	897	614	778	924	1 032
Mittel-Italien	287	286	362	384	399	448	489
Süd-Italien	377	501	714	579	584	787	1 074
Spanien	414	639	923	672	673	767	1 165
Portugal	30	138	155	199	230	209	252
Polen	0	10	15	20	15	36	103

[Nach: 140: DE VRIES, Urbanization, 30.]

Die demographi-
sche Urbanisierung
Deutschlands im
europäischen Ver-
gleich

Deutschland durchaus eine Phase der Urbanisierung war, allerdings
mit anderen Margen und Rhythmen als im übrigen Europa: Bedingt
durch den Rückschlag während des großen Krieges wuchsen die
deutschen Städte parallel zur allgemeinen Bevölkerungsentwicklung
im wesentlichen erst im Verlaufe des 18. Jahrhunderts, und zwar in
einem vergleichsweise bescheidenen Umfang. Die Zahl der Großstädte über 10000 verdoppelte sich vom 16. zum späten 18. Jahrhundert, nämlich von rund 30 auf rund 60, während sie sich in England
und Wales verzehnfachte, allerdings von einem sehr niedrigen Ni-
veau aus, nämlich von 4 bzw. 5 auf 44. Lebten um 1500 in Deutschland rund 445000 Menschen oder gut 3% der Gesamtbevölkerung in
Großstädten, so waren es 300 Jahre später rund 1,7 Millionen oder
5,4%. In Norditalien, Belgien, in den Niederlanden und selbst in
Spanien und Portugal lag der Anteil deutlich höher. Frankreich
hatte zunächst einen vergleichbaren, England sogar einen deutlich
geringeren Vergroßstädterungsgrad, beide überholten Deutschland
im 17. Jahrhundert aber rasch, was vor allem auf die beiden Weltstädte Paris und London zurückzuführen ist – in England waren um
1500 jeweils 80000 oder 3,1%, um 1800 jeweils 1,8 Millionen oder
20,3%; in Frankreich um 1500 jeweils 688000 oder 4,2%, um 1800
jeweils 2,4 Millionen oder 8,8% Bewohner von Städten über 10000
Einwohnern (vgl. Tabellen 1 und 2).

Die Rangfolge
europäischer Groß-
städte

Vor den europäischen Metropolen waren auch die größeren
unter den deutschen Städten Zwerge: Hatte Köln im Spätmittelalter
noch zu den ersten Städten Europas gezählt, so war in den ersten
beiden Jahrhunderten der Neuzeit unter den zwanzig größten Städten Europas kein deutscher Name mehr zu finden. Die Kaiserstadt
Wien war die erste, die aufgrund des mächtigen Aufschwungs nach
der bestandenen Türkenbelagerung von 1683 zu Beginn des
18. Jahrhunderts mit gut 100000 Einwohnern in diese Gruppe vor-
drang und dort den 11. Platz einnahm. Hamburg und Berlin folgten
mit je rund 70000 auf den Plätzen 25 und 26; Danzig, Breslau und
Köln befanden sich auf den unteren Rängen der anschließenden
Gruppe der gut zwei Dutzend Städte zwischen 40000–60000 Einwohnern. Seit Anfang des 18. Jahrhunderts kämpften sich Wien und
Berlin Schritt für Schritt in den Kreis der europäischen Metropolen
vor: Um 1750 standen sie mit 169000 Einwohnern an sechster bzw.
mit 113000 Einwohnern an 16. Stelle der europäischen Städtehierarchie (vgl. Tabelle 3). Ein Jahrhundert später waren sie auf Platz vier
(Berlin mit 446000) und fünf (Wien mit 426000) vorgerückt, hinter
Sankt Petersburg (502000) sowie Paris und London, die mit 1,3

Tabelle 3 Rangfolge europäischer Großstädte
(Zahl der Einwohner in Tausend)

| Rang | 1750 | | 1850 | | 1950 | |
	Stadt	Einwohner	Stadt	Einwohner	Stadt	Einwohner
1	London	676	London	2320	London	8860
2	Paris	560	Paris	1314	Paris	5900
3	Neapel	324	St. Petersburg	502	Moskau	5100
4	Amsterdam	219	Berlin	446	Ruhr	4900
5	Lissabon	213	Wien	426	Berlin	3707
6	Wien	169	Liverpool	422	Leningrad	2700
7	Moskau	161	Neapel	416	Manchester	2382
8	Venedig	158	Manchester	412	Birmingham	2196
9	Rom	157	Moskau	373	Wien	1755
10	St. Petersburg	138	Glasgow	346	Rom	1665
11	Dublin	125	Birmingham	294	Hamburg	1580
12	Palermo	124	Dublin	263	Madrid	1527
13	Madrid	123	Madrid	263	Budapest	1500
14	Mailand	123	Lissabon	257	Barcelona	1425
15	Lyon	115	Lyon	254	Mailand	1400
16	Berlin	113	Amsterdam	225	Glasgow	1320
17	Hamburg	90	Brüssel	208	Liverpool	1260
18	Marseille	88	Edinburg	194	Neapel	1210
19	Rouen	88	Hamburg	193	Leeds	1164
20	Kopenhagen	79	Marseille	193	Kopenhagen	1150
21	Florenz	74	Mailand	193	Athen	1140
22	Genua	72	Leeds	184	Bukarest	1100
23	Granada	70	Palermo	182	Kattowitz	977
24	Barcelona	70	Rom	170	Brüssel	964
25	Sevilla	68	Barcelona	167	Amsterdam	940
26	Bologna	66	Warschau	163	Prag	938
27	Bordeaux	64	Budapest	156	Stockholm	889
28	Turin	60	Bristol	150	Lissabon	885
29	Valencia	60	Scheffield	143	München	870
30	Cádiz	60	Bordeaux	142	Newcastle	830
31	Stockholm	60	Venedig	141	Rotterdam	803
32	Dresden	60	Turin	138	Warschau	803
33	Prag	58	Kopenhagen	135	Kiew	800
34	Brüssel	55	München	125	Charkow	730
35	Edinburg	55	Prag	117	Scheffield	730
36	Lille	54	Breslau	114	Turin	725
37	Cork	53	Wolverhampton	112	Köln	692
38	Breslau	52	Newcastle	111	Frankfurt	680
39	Königsberg	52	Valencia	110	Genua	676
40	Leiden	50	Gent	108	Lodz	675

[Nach: 97: HOHENBERG/LEES, Making, 226]

bzw. 2,3 Millionen auch jetzt noch eine ganz eigene Kategorie darstellten. Hamburg, die drittgrößte deutsche Stadt, folgte erst an 19. Stelle, und zwar mit 193 000 Einwohnern etwa gleichauf mit Brüssel (208 000), Edinburgh (194 000) sowie Marseille und Mailand (mit je 193 000). Was die Wachstumsraten anbelangt, stand Berlin an zweiter Stelle hinter St. Petersburg, gefolgt von London, Dresden und Wien.

Bedeutung der Mittel- und Kleinstädte   Mit diesem Blick auf die Großstädte ist das frühneuzeitliche Städtewesen des Reiches allerdings nur unvollkommen erfaßt. Denn Deutschland war das Land der Mittel- und Kleinstädte. Unterhalb der erwähnten 20 bis 30, zu Ende der Frühen Neuzeit dann 60 Großstädte gab es mehrere Tausend Mittel-, Klein- und Kleinststädte. Zu Beginn der Neuzeit wird man von den erwähnten 3500 Städten etwa 5% zu den Mittelstädten zwischen 2000 und 10 000 Einwohnern zu rechnen haben, also zwischen 175 und 200: Eine Entwicklung parallel zu derjenigen der Großstädte angenommen, die sich von 1500 bis 1800 gut verdoppelten, wird die Zahl der Mittelstädte um 1800 bei etwa 400 gelegen haben. Diese 200 bis 230 (16. Jahrhundert) bzw. knapp 500 (um 1800) Groß- und Mittelstädte wurden zahlenmäßig weit übertroffen durch die nach Hunderten zählenden Kleinstädte mit ein- bis zweitausend Einwohnern und die Kleinst- oder Zwergstädte mit einigen Hundert Einwohnern, von denen es fast 3000 gab (vgl. Tabelle 4). Nimmt man all diese Siedlungen mit Stadtrecht zusammen, so kommt man zu einem wesentlich höheren Verstädterungsgrad als bei der erwähnten Berechnung

Tabelle 4   Anzahl von Städten im Heiligen Römischen Reich (Deutschland, Österreich, Böhmen – nach Einwohnerzahlen)

Einwohnerzahlen	um 1500	um 1800
mehr als 10 000	26	61
zwischen 2000 u. 10 000	175 bis 200	etwa 400
zwischen 1000 und 2000	einige Hundert	einige Hundert
bis 1000	knapp 3000	etwa 3000
insgesamt:	3500	4000

[Nach: 71: AMMANN, Stadt; 97: HOHENBERG/LEES; 65: STOOB, Forschungen; 140: DE VRIES, Urbanization]

auf der Basis von Städten mit über 10000 Einwohnern mit ihrer
knappen halben Million oder 3% Städtern um 1500 und deren 1,7
Millionen oder 5,4% um 1800. Statt dessen wird man davon auszugehen haben, daß in der Frühen Neuzeit etwa jeder vierte Deutsche
in einer Stadt lebte; um 1800 waren das immerhin 7 Millionen Menschen[109: KOERNER, Mitteleuropa, 331; 69: WALKER, Hometowns, 32].

Doch auch diese Zahlen sind fiktiv. Denn die Städte waren innerhalb Deutschlands sehr unterschiedlich verteilt, so daß der konkrete Anteil von Städtern an der Gesamtbevölkerung in städtearmen Regionen wie zum Beispiel Preußen oder Pommern weit geringer, in städtereichen Gebieten aber deutlich höher ausfiel: Zu Beginn des 17. Jahrhunderts lag der Anteil in Hessen-Kassel und Sachsen bei 30%, in Thüringen bei 28%, in Württemberg bei 26%. Selbst
innerhalb eines Territoriums gab es deutliche Unterschiede, etwa in
Thüringen zwischen dem städtereichen Osten und dem städtearmen
Westen, oder in Sachsen, wo im westerzgebirgischen Bergbaugebiet
der Kreise Schwarzen-, Anna- und Marienberg der Anteil von Städtern sogar auf über 50% stieg. Trotz schwerer Einbrüche während
des Dreißigjährigen Krieges nahm in vielen Gebieten der Verstädterungsgrad im weiteren Verlauf der Frühen Neuzeit zu – Mitte des
18. Jahrhunderts betrug er in Sachsen 36,5%, in der Kur- und Neu-
mark 42%, in Cleve 43%. Die Stadtdichte war besonders hoch im
Herzogtum Württemberg. Dort gab es um 1800 durchschnittlich pro
Quadratmeile, also auf rund 50 km², eine Stadt. In Nassau kam eine
Stadt auf 1,25 Quadratmeilen, in Hessen-Darmstadt auf 1,3, in Thüringen auf 1,5, in Baden und im Königreich Sachsen auf 1,7, in Hessen-Kassel auf 1,8, in Bayern auf 2,35, in Preußen, und zwar alle
Landesteile zusammengenommen, auf 3,7 und schließlich im städtearmen Kurhannover auf 3,9 Quadratmeilen, also auf etwa 200 km².
In Württemberg traf der Reisende um 1800 somit etwa alle sieben
bis acht Kilometer auf eine Siedlung mit Stadtrecht, und mehr als
die Hälfte der etwa anderthalb Millionen Württemberger waren
Städter, und zwar abgesehen von den knapp 30000 Stuttgartern Be-
wohner von Mittel- und Kleinstädten. Ähnlich verhielt es sich in
Thüringen, wo im Osten rund alle 6 Kilometer eine Kleinstadt anzu-
treffen war, während es in der Mitte nur die „Großstadt" Erfurt gab
[Zahlen nach 108: KOERNER, Thüringen, 196f., 231; 77: BLASCHKE,
Bevölkerungsgeschichte, 163; 60: V. SCHMOLLER, Städtewesen, 288;
WALKER, Home Towns, 32].

Hinter der langfristigen Entwicklung verbirgt sich ein sehr differenziertes Geschehen, differenziert sowohl hinsichtlich der ver-

Regionale Unter-
schiede in der
Städtedichte

Epochale Differen-
zierung der
Bevölkerungs-
entwicklung

schiedenen zwischen 1500 und 1800 zu unterscheidenden Phasen des Auf und Ab als auch hinsichtlich einzelner Städte und Städtetypen. Allgemein gilt: Die Städte folgten im großen und ganzen dem übergreifenden demographischen Trend, wenn auch mit spezifischen Unterschieden zum Land. Groß- und Mittelstädte vermochten nie ihre Einwohnerschaft aus sich selbst zu erhalten, sondern hingen von der Zuwanderung aus den jeweils kleineren Städten und vom Land ab, um die permanenten Bevölkerungsverluste aufgrund von hohen Sterbe- und geringen Geburtenziffern auszugleichen. So war die alteuropäische Stadt „in demographischer Hinsicht ebenso sehr mit ihrem Umland verbunden, wie in ökonomischer, sozialer, kultureller, verkehrsmäßiger, etc." [99: IMHOF, Stadtstrukturen, 226].

Rasches Wachstum im 16. Jahrhundert

Im 16. Jahrhundert wuchs die Bevölkerung in Deutschland und Europa rasch an, und zwar primär auf dem Lande. Wenn die Städte teilweise überproportional mitzogen und die Zahl der Großstädte von 25 auf 35, diejenige ihrer Bewohner von 440000 auf 750000 anwuchs, so bedeutete das, daß in den Städten des 16. Jahrhunderts die Zahl und der Anteil von Zuwanderern und Bürgern der ersten Generation noch höher gewesen sein muß als zu Zeiten demographischer Stagnation. Für die frühen Jahre des 16. Jahrhunderts, als das Bevölkerungswachstum besonders rasant war, hat man für die kleine Mittelstadt Höxter berechnet, daß „ein Fünftel bis ein Viertel ... der erwachsenen Bürger und Einwohner" dort nicht geboren war [58: RÜTHING, Höxter, 59, 394]. Hinzu kam die außergewöhnliche Fernmigration der Glaubensflüchtlinge, die zahlreichen Städten im Westen und Norden des Reiches, in geringerem Umfang aber auch solchen im Süden und Nordosten zusätzlich zu den „normalen" Zuwanderern vom Land zum Teil beträchtliche Fremdenkolonien brachte – Frankfurt und Aachen bis zu 4000 oder 20% der Gesamteinwohnerschaft, Köln und Hamburg bis zu 2000 (5%), Mittelstädten wie Emden und Wesel 5000 bis 7000, was einen Anteil von 40% oder gar 50% ausmachte. Die frühneuzeitliche Stadt, zumindest die des 16. Jahrhunderts, war keine „geschlossene Gesellschaft". Und sie war eine jugendliche Gesellschaft, denn nur ein kleiner Prozentsatz ihrer Einwohner erreichte das vierte und fünfte oder gar ein noch höheres Lebensjahrzehnt.

Abflachen des Wachstums Ende des 16. Jahrhunderts

In der zweiten Hälfte des 16. Jahrhunderts flachte der Bevölkerungsanstieg allgemein ab. Dabei muß aufgrund der Quellenlage offen bleiben, ob sich eine Malthusianische Falle aufgetan hatte, das heißt, ob der in Alteuropa stets enge Nahrungsspielraum durch die enorm angewachsene Gesamtbevölkerung (im Reich etwa von

Tabelle 5 Großstädte mit mehr als 10 000 Einwohnern
im frühneuzeitlichen Reich*

	1500	1550	1600	1650	1700	1750	1800
Aachen	15	unbek.	unbek.	12	15	unbek.	24
Altona	0	0	2	3	12	15	23
Ansbach	0	0	0	0	4	6	12
Augsburg**	20	45	48	21	21	unbek.	28
Bamberg	0	10	12	7	10	12	17
Barmen	0	0	0	2	2	4	13
Bautzen	0	5	0	0	0	8	11
Berlin	12	unbek.	25	12	55	90	150
Bonn	0	0	0	0	0	0	11
Brandenburg	0	0	0	0	0	0	12
Braunschweig	18	16	16	16	unbek.	21	27
Bremen	18	unbek.	unbek.	unbek.	27	28	36
Breslau	25	35	30	unbek.	unbek.	55	54
Chemnitz	0	4	5	0	4	11	11
Danzig	20	26	50	70	50	46	40
Dresden	5	8	12	15	40	52	55
Düsseldorf	2	0	0	5	5	unbek.	20
Elberfeld	0	0	0	2	3	0	10
Elbing	10	15	15	10	16	16	17
Emden	0	unbek.	unbek.	14	10	8	12
Erfurt	15	18	19	15	17	17	17
Flensburg	0	0	0	0	0	unbek.	13
Frankfurt a. M.	12	12	18	17	28	32	35
Frankfurt a. d. O.	11	11	13	2	9	9	12
Freiburg	5	0	10	6	0	0	9
Fürth	0	0	0	0	5	0	12
Gotha	0	0	0	0	0	unbek.	11
Halberstadt	0	0	0	0	0	unbek.	12
Halle	unbek.	unbek.	unbek.	unbek.	unbek.	unbek.	19
Hamburg	14	29	40	75	70	75	100
Hanau	0	0	0	0	0	11	12
Hannover	0	6	7	9	11	17	17
Heidelberg	0	0	0	4	0	10	9
Hildesheim	11	0	0	0	0	0	12
Kassel	0	0	6	0	10	19	18
Köln	30	35	40	45	42	43	42
Königsberg	8	14	unbek.	unbek.	35	60	59
Leipzig	10	10	14	11	20	35	32
Lübeck	24	25	23	31	unbek.	unbek.	23
Lüneburg	0	0	0	0	0	0	10
Magdeburg	18	40	40	5	10	18	37
Mainz	6	unbek.	20	10	20	24	22
Mannheim	0	0	0	1	13	20	22
München	13	16	20	10	21	32	34
Münster	0	0	11	0	7	9	14

Fortsetzung Tabelle 5

	1500	1550	1600	1650	1700	1750	1800
Nürnberg	36	40	40	25	40	30	27
Potsdam	0	0	0	0	2	15	27
Quedlinburg	0	0	0	0	0	0	11
Regensburg	unbek.	unbek.	unbek.	unbek.	unbek.	unbek.	23
Rostock	0	0	0	0	0	0	14
Soest	12	15	10	5	5	5	5
Stettin	9	13	12	6	6	12	23
Stralsund	0	0	0	0	0	unbek.	11
Stuttgart	0	10	9	5	13	17	20
Ulm	17	19	21	14	unbek.	15	13
Würzburg	10	9	10	11	14	15	16
Brünn	0	0	0	9	unbek.	15	23
Graz	5	0	8	unbek.	unbek.	20	31
Innsbruck	4	5	5	6	7	8	10
Klagenfurt	0	0	4	0	0	7	10
Linz	0	0	3	0	0	10	17
Prag	unbek.	unbek.	unbek.	unbek.	39	59	77
Salzburg	unbek.	unbek.	10	10	13	15	11
Wien	20	unbek.	50	60	114	175	231

* 0   = Einwohnerzahl < 10 000
  unbek. = keine Zahlen bekannt
  1–9   = Einwohnerzahlen < 10 000, Zahlenangabe nur zur Infor-
          mation
** Zu den Augsburger Zahlen vgl. unten S. 13
[Nach: 140: DE VRIES, Urbanization, Appendix I, 281–282, 287.]

18 auf 25 Millionen) ausgeschöpft war und endemischer Hunger,
Unterernährung und Krankheit zu einer Umkehr der Bevölkerungs-
entwicklung und damit zur Schrumpfung führen mußten. Was die
Städte anbelangt, so läßt sich bis zu Beginn des Dreißigjährigen

Kein demographi-
scher Zusammen-
bruch vor 1618

Krieges eine solche radikale Wende in der Bevölkerungsentwicklung eigentlich nicht ausmachen. Wie zu allen Zeiten gab es natürlich Städte, die in den Windschatten der ökonomischen Entwicklung gerieten und Einwohner verloren – etwa die einst blühende
Hansestadt Soest, deren Bevölkerung seit Mitte des 16. Jahrhunderts von 15 000 auf 10 000 schrumpfte, oder Goslar, das 1600 nur
noch 8000 Einwohner zählte. Die meisten Städte expandierten aber
bis ins letzte Drittel des Jahrhunderts hinein. Wo sich vor der Jahrhundertwende leichte Bevölkerungsverluste einstellten, wurden sie
in den ersten Jahrzehnten des 17. Jahrhunderts häufig wieder ausge-

glichen, so etwa in Augsburg, wo die Zahl der Steuerhaushalte bis
zu Beginn des Krieges anstieg, und zwar mit einem Höhepunkt um
1610. (Zur Bevölkerungsentwicklung in den deutschen Städten mit
mehr als 10 000 Einwohnern vgl. Tabelle 5. – Es ist zu beachten, daß
alle Zahlen aus vorstatistischer Zeit Schätzwerte sind und dementsprechend je nach Berechnungsverfahren unterschiedlich ausfallen
können. So sind jüngst die bislang als „gesichert" geltenden Zahlen
für Augsburg von BERND ROECK erheblich korrigiert worden, indem
er eine Berechnungsmethode einführte, die über den Getreidever-
brauch Rückschlüsse auf die Zahl der Einwohner ermöglicht. Danach hatte Augsburg um 1500 etwa 30 000, im ersten Viertel des
17. Jahrhunderts bis zum großen Seucheneinbruch von 1627/28
aber nur 40 000 Einwohner [30: GOTTLIEB, Augsburg, 252 f.].)

Der große Einbruch erfolgte allenthalben durch den Krieg. Es
läßt sich daher schwer sagen, ob die deutschen Städte auch ohne ihn
aufgrund endogener Mechanismen im Verlaufe der ersten Hälfte
des 17. Jahrhunderts in eine Phase sinkender Bevölkerungszahlen
eingetreten wären. Allerdings liegen aus einzelnen Städten Anzeichen für eine beginnende Wende vor – so etwa für Nördlingen, wo
die Geburtsziffern bereits zwischen 1580 und 1620 zurückgingen
und der Magistrat die Einwanderung gezielt bremste, was längerfristig zu einer Abnahme der Bevölkerung führen mußte. Für die
zweite Hälfte des 16. Jahrhunderts sind zudem mehrere schwere
Seuchen überliefert, und zwar für die 1560er, die späten 1570er und
die 1590er Jahre. Die Verluste waren äußerst hoch, und zwar auch
in den Städten. So waren in der gut 40 000 Einwohner zählenden
Reichsstadt Nürnberg zwischen 1561 und 1585 nicht weniger als
20 000 Epidemieopfer zu beklagen. Besonders gefährlich war die in
den nord- und mitteldeutschen Städten zu beobachtende Überlage-
rung von Pest und Rote-Ruhr-Epidemien, was zum Beispiel in der
Mittelstadt Uelzen 1597/99 zu überproportionalen Verlusten bei
Frauen und Kindern führte und damit zu einer nachhaltigen Schwächung der natürlichen Reproduktionsfähigkeit der städtischen Gesellschaft [nach 90: FRIEDRICHS, Urban Society, 46 ff., 55 ff.; 87:
ENDRES, Einwohnerzahl, 250; 144: WOEHLKENS, Pest]. Man wird
aber weder die in Nördlingen beobachteten Wachstumsbegrenzun-
gen noch die hohen Epidemieverluste als untrüglichen Beweis für
einen unmittelbar bevorstehenden, endogen vorprogrammierten Be-
völkerungssturz werten können. Denn die Nördlinger Reaktion war
keineswegs typisch für die deutschen Städte um 1600, und die Epidemieverluste wurden, wie in Alteuropa die Regel, durch Zuwande-

Anzeichen für den
Beginn einer demo-
graphischen Krise

rung und ansteigende Geburtlichkeit rasch wieder aufgefüllt, was ja schlagend aus den Nürnberger Zahlen hervorgeht – trotz eines Verlustes von 20 000 Pesttoten in der zweiten Hälfte des 16. Jahrhunderts besaß diese Stadt um 1600 wieder die um 1500 erreichte Einwohnerzahl von 40 000. Hinzu kommt, daß einige der verheerenden Epidemien, wie namentlich die Malaria, das Fleckfieber, zum Teil auch die Rote Ruhr, die Folge von Truppendurchmärschen waren und damit Teil einer politischen und nicht einer innerdemographischen Krise.

So richtig es ist, daß der Dreißigjährige Krieg das deutsche Städtewesen schwer schädigte und daß die Zahl der Großstädte über 10 000 von 32 auf 25 sank, so differenziert stellt sich das Geschehen im einzelnen dar: Katastrophal waren die Verluste in Magdeburg (von 40 000 auf 5000), in Dortmund (von 6500 auf 2000),

Frankfurt/Oder (13 000 auf 2000) oder Gelnhausen und der kleinen bayrischen Landstadt Landsberg/Lech mit Verlusten von rund drei Vierteln. Etwa die Hälfte ihrer Einwohner verloren Augsburg (40 000 auf 20 000), Mainz (20 000 auf 10 000), Stettin (12 000 auf 6000) und Nürnberg (40 000 auf 25 000). Dem steht aber eine ganze Reihe von Städten gegenüber, die nach Verlusten und Gewinnen

am Ende des Krieges ihre Einwohnerzahl behauptet oder nur leicht nach oben oder unten verändert haben: So etwa Braunschweig (hielt 16 000), Frankfurt/Main (18 000 auf 17 000), Würzburg (10 000 auf 11 000), Dresden (7000 auf 9000), Hannover (7000 auf 9000). Hinter diesen aggregierten Zahlen verbirgt sich ein lebhaftes Auf und Ab während der langen Kriegsjahre. Da die Städte weiterhin starke Einwanderungsströme anzogen, lagen die tatsächlichen Verluste um einiges höher, für Augsburg, worüber uns die magistrale Detailstudie von Bernd Roeck unterrichtet, möglicherweise sogar

über 60%. Zudem wurden nicht alle Bevölkerungsschichten gleich betroffen. Überproportional traf es die Ärmeren, die bereits vor dem Krieg am Existenzminimum lebten, so die Weber in Augsburg, deren Zahl um 80% schrumpfte, nämlich von fast 2000 auf 385 Haushalte. In Augsburg waren aber auch die reichen Kaufleute überproportional betroffen (Reduktion der Haushalte von 244 auf 116), wahrscheinlich infolge der scharfen Rekatholisierungspolitik nach 1635, die viele der vorwiegend protestantischen Kaufleute zur Auswanderung gezwungen hatte. Unterproportional war der Rückgang bei den von alleinstehenden Frauen geführten Haushalten – ihr Anteil an der Gesamteinwohnerschaft hatte am Ende sogar zugenommen – von 20% auf 27%, eine Folge der höheren Kriegsverluste bei den Männern. Im Moment des Friedens boten sie eine Chance für alleinstehende Männer, wieder eine bürgerliche Existenz zu finden und die Grundlagen für die rasche demographische Rekonstruktion zu legen. Abgesehen von Sonderfällen wie dem paritätischen Augsburg (vgl. II, 4 c), wo konfessionelle Zusammenhänge den Austausch mitbestimmten, haben die durch den Krieg ausgelösten Wanderungsbewegungen jedoch zu keiner prinzipiellen Umschichtung der Stadtbevölkerung geführt. Wie eine Detailstudie zu München zeigt, wanderten im wesentlichen genau dieselben Gruppen zu, die auch in normalen Zeiten die Stadtbevölkerung auffüllten, nämlich Handwerker und Kleinhändler aus den kleineren Städten der Region, dazu Landhandwerker, aber kaum Bauern.

Einige wenige Städte waren „Kriegsgewinnler". Das ist besonders deutlich im Fall von Danzig, das von 50000 auf 70000 anwuchs, dann aber wieder rasch auf „Normalgröße" schrumpfte. Umgekehrt verlief die Bevölkerungskurve im benachbarten Elbing, nämlich von 15000 auf 10000 und dann auf 16000. Auch Lübeck und Köln legten zu (von 23000 auf 31000 bzw. 40000 auf 45000). Am deutlichsten war der Anstieg in Hamburg, nämlich von 40000 auf 78000, womit zugleich die Basis für eine anhaltende Wirtschaftsblüte gelegt wurde. Abgesehen von den ökonomischen Vorteilen, die vor allem die Migration in die Hafenstädte bestimmten, spiegelt sich in diesen Zahlen die Tatsache, daß die Stadtmauern gegenüber dem platten Land immerhin einen gewissen Schutz versprachen. Unabhängig von der längerfristigen Einwohnerentwicklung erlebten daher viele Städte während der Kriegsläufte immer wieder einen Ansturm von Landbewohnern mit der Folge bedrückender Wohn- und Lebensbedingungen innerhalb der Mauern, wie das etwa für Ulm in dem zwischen 1618 und 1672 geführten „Zeytregister" des Hans Heberle belegt ist. Sieht man von regionalen Besonderheiten wie etwa den hohen städtischen Einbußen in der Grafschaft Lippe ab, so waren die Bevölkerungsverluste der Städte proportional geringer als diejenigen des Landes, nämlich schätzungsweise 33% gegenüber 40% [89: FRANZ, Krieg, 14, 22, 58 f.]. Gemessen an der Relation zwischen Stadt- und Landbewohnern bedeutete der Krieg also keine De-Urbanisierung.

Allgemein gilt, daß sich in den Jahrzehnten nach dem Westfälischen Frieden die Städte rasch erholten, so daß es um 1700 in Deutschland wieder dieselbe Zahl an Großstädten gab wie ein Jahrhundert zuvor. In der Hierarchie der ganz großen hatte aber ein Führungswechsel stattgefunden – nicht mehr Köln, Nürnberg mit

"Kriegsgewinnler"

Aufschwung Hamburgs während des 30jährigen Krieges

Veränderung in der Hierarchie der Großstädte

etwa 40 000 Einwohnern oder Augsburg (nur noch 21 000) standen an der Spitze, sondern Wien (114 000), Hamburg (70 000) und Berlin (55 000). Wie gleich zu zeigen ist, war das die Folge eines längerfristig angelegten Strukturwandels im deutschen Städtewesen. Wie so vieles, hatte der große Krieg ihn nur beschleunigt (vgl. Tabelle 5).

Ausbleiben der demographischen Erholung aus ökonomischen Gründen

Wenn sich eine Stadt von den Verlusten nicht mehr erholte, so konnte das wie im Falle Augsburgs im Süden oder Emdens im Norden an Veränderungen der ökonomischen oder verkehrsmäßigen Rahmenbedingungen liegen. Eine andere Ursache für langanhaltende Stagnation oder Schrumpfung war, daß bald nach dem großen Krieg neue kriegerische Einwirkungen einsetzten, die die Bevölkerungsverluste kumulierten, und zwar auch und gerade unter Frauen und Kindern, so daß die Reproduktionsfähigkeit der städtischen Gesellschaft einschließlich derjenigen ihres natürlichen Einzugsgebietes bald im Mark getroffen war. So war es etwa bei Nördlingen: Um 1600 eine Mittelstadt mit zwischen neun- und zehntausend Einwohnern, büßte sie im Dreißigjährigen Krieg wegen ihrer Lage im Schnittpunkt zweier großer Heerstraßen etwa die Hälfte der Haushalte ein. Seit den 1660er Jahren lag sie dann im Durch- und Aufmarschgebiet der Türken- und Franzosenkriege, und schließlich geriet sie auch noch zwischen die Fronten des Spanischen Erbfolgekrieges. Eine mikrodemographische Analyse von Heiratsquoten und Heiratsalter sowie Geburts- und Sterbeziffern fördert zutage, daß der demographische Aufschwung nach dem Dreißigjährigen Krieg vergleichsweise zäh verlief. Die Zahl der Geburten erreichte selbst auf ihrem erneuten Höhepunkt während der 1670er Jahre nicht den Vorkriegsstand und sank dann sogar nochmals für zwei Jahrzehnte deutlich ab. Demgegenüber stieg die Zahl der Haushalte bis ins zweite Viertel des 18. Jahrhunderts hinein leicht aber kontinuierlich an, und zwar um knapp 7 pro Jahr, ohne aber wieder den Vorkriegsstand zu erreichen. Schließlich muß aber auch dieser Trend wieder umgeschlagen sein. Denn 1802 zählte Nördlingen nur 1221 Haushalte [FRIEDRICHS, Urban Society, 42, 44, 46].

Demographische Katastrophe durch weitere Kriege

Das demographische Grundmuster blieb in den deutschen Städten lange konstant. Die alteuropäischen „Natalitäts- wie Mortalitätsstrukturen haben das (18., H. SCH.) Jahrhundert überdauert" [99: IMHOF, Stadtstrukturen, 226]. Die zuerst in England, dann zu unterschiedlichen Zeiten auf dem Kontinent einsetzende demographische Revolution, die erstmals dauerhaft einen Geburtenüberschuß brachte, kam in Deutschland erst im 19. Jahrhundert voll zur

Konstanz der alteuropäischen Natalitäts- und Mortalitätsstrukturen

Geltung. Wichtiger war zunächst die Tatsache, daß die für Alteuropa typischen, durch Mißernten und Epidemien bedingten
Sterblichkeitskrisen seit dem ausgehenden 17. Jahrhundert immer
seltener wurden. Die Pestzüge, die für die Städte stets verlustreicher
als für das platte Land waren, endeten in Deutschland mit der letzten großen Epidemie von 1666. Hygiene und medizinische Versorgung wurden im 18. Jahrhundert wesentlich verbessert. Hinzu kamen vorsorgende und planende Eingriffe des Staates und seiner
bzw. der städtischen Bürokratie, die Bevorratung und Preise der
Grundnahrungsmittel regulierten und damit die Versorgungskrisen
milderten. Gleichzeitig stimulierte die merkantilistische Handels-
und Gewerbeförderung, die breiten Schichten Arbeitschancen bot,
einen wachsenden Zustrom vom Lande. All dies beschleunigte seit
dem ausgehenden 18. Jahrhundert das Wachstum für den Übergang
vom frühneuzeitlichen zum modernen Städtewesen.

*Weniger Hungers-
nöte und Epide-
mien seit dem spä-
ten 17. Jahrhundert*

b) Resistenz der alteuropäischen Lebens- und Sozialformen

Nicht zuletzt als Reflex auf die Konstanz der alten demographischen Muster erwiesen sich auch die elementaren Lebens- und Sozialformen des deutschen Stadtbürgertums resistent gegen grundsätzlichen Wandel. Das ist um so bemerkenswerter, als die städtische Gesellschaft in der werdenden Neuzeit (15. und 16. Jahrhundert) und dann wieder beschleunigt im 18. Jahrhundert heftige
Schübe sozialen Wandels erlebte und insbesondere in den Großstädten um 1800 erheblich differenzierter und sozial spannungsreicher war als um 1400. Das hat immer wieder zu sozialen Unruhen
geführt; grundsätzlich neue Bauprinzipien im stadtbürgerlichen Sozialgefüge sind daraus nicht entstanden. Dieser Widerspruch zwischen Veränderungen an der Oberfläche, die durchaus dramati-
schen Umfang annehmen konnten, und Beharren im tiefen Grunde
elementarer Lebens- und Sozialformen sowie des ständischen Charakters des städtischen Systems insgesamt – dieser Widerspruch
wurde durch immer neue Normierungen und Disziplinierung von
seiten der Obrigkeit und der Kirche überbrückt (Ehe- und Zucht-
ordnungen, Kleider-, Hochzeits- und Luxusvorschriften, Ständever-
ordnungen, Kirchen- und Policeyzucht etc.). Das gab der alteuropäischen Ständegesellschaft in den frühneuzeitlichen Städten nochmals für mehrere Jahrhunderte Stabilität, verlieh ihr aber zugleich
jene Enge und jenen Zwangscharakter, die Friedrich Hebbel in seinem bürgerlichen Trauerspiel „Maria Magdalena" so unübertroffen

*Konstanz auch der
elementaren
Lebens- und
Sozialformen*

*Normierung und
Disziplinierung zur
Sicherung der
sozialen Stabilität*

eingefangen und mit den prinzipiell anderen Normen und Verhaltensweisen der hier aufziehenden Moderne konfrontiert hat.

Die Ehe als Grundbaustein der stadtbürgerlichen Gesellschaft

Basis der städtischen Gesellschaft war die Ehe, deren Normierung und Sanktionierung im Vergleich zu früheren und späteren Epochen gerade in den deutschen Städten der Frühneuzeit äußerst rigide Formen annahmen. Eheliche Geburt wurde zur unabdingbaren Voraussetzung wohlanständiger bürgerlicher Existenz. Ledige Personen wie Lehrlinge, unverheiratete Gesellen oder Kontoristen, Mägde, Knechte oder Diener sollten dem Haushalt der Meister- oder Prinzipalenfamilie angehören. Erst dadurch wurde er oder sie ein stabiler Teil der bürgerlichen Gesellschaft, während fast alle übrigen Mitglieder nicht vollbürgerlicher Gruppen an ihrem Rande standen. Zwar hatten bereits die technologischen und betriebsverfassungsmäßigen Veränderungen des späten Mittelalters eine soziale Differenzierung zwischen Meistern und lebenslangen Gesellen herbeigeführt, die sich im Verlaufe der Frühen Neuzeit weiter vertiefte. Doch für die Gesellenfamilie und den Gesellenhaushalt galt letztlich dieselbe Handwerker- und Bürgerehre wie für den Meister.

Die bürgerliche Ehre

Es gab zwar auch bereits die proletaroide Lohnarbeiterexistenz, vor allem in den großen See-, Handels- und Gewerbestädten. Die städtische Gesellschaft ignorierte sie aber bis ins 19. Jahrhundert hinein, und auch der Gruppe selbst ist es in der Frühen Neuzeit nicht gelungen, mentale, kulturelle oder institutionelle Gegenentwürfe zu den tradierten stadtbürgerlichen Lebens- und Sozialformen zu entwickeln.

Das „ganze Haus"

Das Gehäuse, in dem Ehe und Familie existierten, war das „ganze Haus" oder der Haushalt. Denn im Unterschied zum Dorf war in den frühneuzeitlichen Städten nicht mehr das Haus, sondern die Wohnung ihr üblicher Lebensraum, und zwar häufig selbst für Oberschichtenfamilien. Entgegen verbreiteter Ansichten dominierte nicht die „Großfamilie". Im 18. Jahrhundert lag die Durchschnittsgröße des städtischen Haushalts bei gut vier Personen, wobei auch das Gesinde in dieser statistischen Größe enthalten ist. Diese geringe Personenzahl hängt mit der großen Kindersterblichkeit zusammen sowie mit der großen Geburtsspanne von bis über zwanzig Jahren, derzufolge die Erstgeborenen den Haushalt längst verlassen hatten, wenn die Letztgeborenen dort aufwuchsen. Denn es war weder bei Patrizier- oder Kaufmanns- noch bei Handwerkerfamilien üblich, daß erwachsene Kinder, vor allem Söhne, im Haushalt der Eltern blieben. Auch die Vorstellung von den vorindustriellen „Stamm-" oder Mehrgenerationenfamilien ist falsch, jedenfalls für

Die Größe der städtischen Haushalte

die Städte. Zwar waren Kernfamilien von Eltern und Kindern eindeutig in der Minderzahl. Die übliche Erweiterung der Kernfamilie zum „Haushalt" ergab sich aber nur selten durch Verwandte; sie basierte in der Regel auf dem „Zusammenleben mit Gesinde in allen seinen Differenzierungen" [315: MITTERAUER, Grundtypen, 54].

Nicht Verwandte, sondern Gesinde machen das „ganze Haus" aus

Die innerstädtische Verteilung von Haushaltsgröße und Haushaltstypen war differenziert, und zwar im 17. und 18. Jahrhundert zunehmend stark. Die Differenzierung ergab sich zunächst aus dem Vermögen – wegen des Anteils an Gesinde waren Oberschichtenhaushalte größer als Unterschichtenhaushalte. Sozialtopographisch kommt das markant darin zum Ausdruck, daß sich die „Großhaushalte" in den vornehmen Vierteln, und zwar meist im Stadtkern, konzentrierten, während die Größe der Haushalte zum Stadtrand und zu den Vorstädten hin abnahm. Die Differenzierung ergab sich zweitens aus der Art der Erwerbstätigkeit der städtischen Haushalte: Abgesehen von den wenigen Gewerben, die außerhalb des Hauses produzierten, hatten Handwerkerhaushalte in der Regel Gesinde, und zwar meist Männer (Lehrlinge, Gesellen, Knechte). Auch Kaufleute, Bankiers sowie städtische oder Hofbedienstete hatten Gesinde, aber meist Frauen, denn hier ging es nicht um die Produktion, sondern um die Unterstützung der Hausfrau bei der Führung eines „großen Hauses". Kein Gesinde hatten Familien, die weder Hilfe zur Produktion noch im Haushalt benötigten, wie etwa Tagelöhner, Schreiber, Kanzlisten etc. Schließlich bildete sich in den Städten noch eine weitere Lebens- und Haushaltsform aus, die es auf dem Land so gut wie gar nicht gab, nämlich Haushalte, denen eine alleinstehende, ledige oder verwitwete Person vorstand. Dieser Haushaltstyp, der seit dem 17. Jahrhundert zu Lasten der Familienhaushalte zahlenmäßig zunahm, war sozial außerhalb des Handwerks verankert. Für das Handwerk blieb weiterhin die Einheit von Haus und Produktion charakteristisch, die den Familienhaushalt zur Voraussetzung hatte. Verstarb ein Ehepartner, war die Wiederverheiratung strukturnotwendig.

Soziale und topographische Differenzierung der Haushaltsgrößen

Die Rolle der Produktionsbedingungen

„Single-Haushalte"

Die Geschichte der frühneuzeitlichen Familien- und Haushaltsformen belegt, daß ungeachtet der Konstanz in den demographischen Grundmustern und im Normengefüge bürgerlicher Ehre sich in den Städten des 17. und 18. Jahrhunderts wichtige Veränderungen an der sozialstrukturellen Basis anbahnten. Die Ausweitung der städtischen und staatlichen Administration sowie des Hofes, die sich im Zuge der frühmodernen Staatsbildung ergab, aber auch be-

Veränderungen in den soziostrukturellen Grundlagen

stimmte betriebsverfassungsmäßige Veränderungen in Handel und
Gewerbe ließen in den Städten die individuelle Erwerbstätigkeit
außerhalb des herkömmlichen Familienbetriebs rasch anwachsen.

Funktionsent-
lastung der Familie
durch außerhäus-
liche Berufstätig-
keit

Daraus ergab sich eine entscheidende Funktionsentlastung der Familie, nämlich von der Produktion, die zusammen mit den dadurch
ermöglichten neuen Familienstrukturen Verhaltens- und Denkformen hervorbrachte, die das alteuropäische Bürgertum in Frage stellten. Bezeichnenderweise ist es der Schreiber Leonhard, also ein Vertreter der neuen, nicht mehr an das „ganze Haus" gebundenen bür-

Hebbels „Maria
Magdalena"

gerlichen Berufe, der in dem bereits erwähnten Hebbelschen Trauerspiel „Haus" und Ehre des Schreinermeisters Anton vernichtet.
Und der alte Mann antwortet darauf mit jenem grandiosen „Ich
verstehe die Welt nicht mehr", mit dem die nicht anpassungsberei-
ten Angehörigen des Stadtbürgertums dem Umbruch der Zeiten
wohl generell begegneten. Die neuen Formen und Normen für Ehe
und Familie, mit denen das Bürgertum des 19. Jahrhunderts sich in
den neuen sozialen und ökonomischen Verhältnissen einrichtete,

Wandel durch Ver-
innerlichung und
Emotionalität

waren jedenfalls nicht das Produkt des traditionellen Stadtbürgertums, sondern der neuen Schicht des Bildungs-, Beamten- und Un-
ternehmerbürgertums, das in dem Moment, in dem es sich an-
schickte, Staat und Gesellschaft zu erobern und zu verbürgerlichen,
seinen Privatbereich durch die Werte verinnerlichter Emotionalität
und Liebe in der Kleinfamilie absicherte und neu stabilisierte.

2. Das frühneuzeitliche Städtesystem –
funktionale und räumliche Differenzierung

Hinter dem Auf und Ab der Bevölkerungszahlen standen tiefgrei-

Strukturverände-
rungen innerhalb
des deutschen
Städtesystems

fende strukturelle Veränderungen innerhalb des Städtesystems, die
sich als frühneuzeitliche Differenzierung und Funktionalisierung
begreifen lassen. Eine Differenzierung fand bereits rein quantitativ
statt: Waren die Großstädte des Mittelalters mit Einwohnerzahlen
zwischen 20000 und 30000 relativ gleich groß, so war der Abstand
um 1800 schon innerhalb dieser Spitzengruppe immens, nämlich
zwischen den 100000er Städten Berlin, Hamburg und Wien und
den „kleineren" Großstädten wie Frankfurt oder Leipzig mit je gut

Differenzierung

30000 Einwohnern. Eine entsprechende Differenzierung ergab sich
innerhalb der städtischen Gesellschaft selbst, wobei sich der Abstand zwischen Arm und Reich vergrößerte und die Unterschicht
überproportional zunahm. Nicht weniger markant war die funktio-

nale Differenzierung: „Im Mittelalter hatte das Überwiegen der
ökonomischen Funktion ein Leitbild der Stadtkultur geschaffen,
das auch die tiefen Gegensätze des Nordens und Südens (innerhalb
Europas, H. Sch.) überbrückte" [24: ENNEN, Abhandlungen, Bd. I,   Funktionalisierung
205]. Die Neugründungen der Neuzeit waren dagegen in der Regel
Städte mit Sonderfunktionen (Bergbau- und Industriestädte, Fe-
stungs- oder Exulantenstädte), und auch die bestehenden Städte
übernahmen seit dem 16. Jahrhundert häufig spezifische Funktionen, die fortan ihren Charakter bestimmten und von denen wesentlich ihr Wachstum und ihre sozio-ökonomischen Chancen abhingen
– als Haupt- und Residenzstadt, als Überseehandelsplatz oder Finanzzentrum (Hamburg und Frankfurt), als Messe- und Verlagsort
(Frankfurt und Leipzig).

   Aus dieser Differenzierung und Funktionalisierung ergaben   Expansions- oder
sich demographische, sozio-ökonomische und kulturelle Expan-   Schrumpfungs-
sions- oder Schrumpfungstypen: Die beschriebene demographische   typen
Urbanisierung zwischen 1500 und 1800 wurde ganz und gar von
Städten mit solchen Sonderfunktionen bestritten, voran von den
Hauptstädten der Groß- und Mittelterritorien (z. B. wuchs Dresden
von 5000 auf 55000 Einwohner) sowie von Hamburg als dem Tor zu
den Weltmeeren. Demgegenüber fiel der Zuwachs schon bei den
binnenländischen Wirtschaftszentren eher bescheiden aus (Frankfurt: 12000/35000; Leipzig: 10000/32000). Städte, an denen die
frühneuzeitliche Funktionalisierung vorüberging oder die ehemalige
Sonderfunktionen verloren, etwa die Bergstädte oder Handels-
plätze, die verkehrsmäßig in den Windschatten gerieten wie Wesel
und Emden (von 20000 auf 8000 Einwohner), stagnierten oder
schrumpften. Das zeigt sich markant im Falle Goslars, das durch
den Territorialisierungsprozeß von seinem mittelalterlichen Silber-
bergbau abgeschnitten wurde und rasch von zwölf- auf fünftausend
Einwohner zurückfiel. Ähnlich verhielt es sich mit Dortmund, das
im Mittelalter ein regionaler Knotenpunkt des Fernhandels gewesen
war (8000/5000, 1850 erst 15000), oder Wetzlar, wo die Eisen- und
Wollgewerbe im ausgehenden Mittelalter in die Krise gerieten und
sich erst zu Ende des 17. Jahrhunderts mit der Aufnahme des
Reichskammergerichts eine neue „Spezialisierung" ergab und damit
auch ein gewisser demographischer Ausgleich (von 3000 um 1680
auf 5068 im Jahr 1805). Allerdings ist zu beachten, daß bisweilen   Das Problem der
auch die erzwungene Übernahme einer Sonderfunktion zu Stagna-   Festungsstädte
tion führte. So etwa bei Festungsstädten wie Wesel, dessen auf günstiger Verkehrslage basierende Handels- und Gewerbetradition ab-

brach, als es dem preußischen Staat als Bastion im Westen dienen mußte.

Neben gelungener oder verpaßter Funktionalisierung spielten *Funktionalisierung als Voraussetzung für Blüte und Wachstum* für die Wachstumschancen der einzelnen Städte die einschneidenden Veränderungen in der Wirtschaftsgeographie und im Städtenetz eine maßgebende Rolle. Zum Teil waren diese sogar Voraussetzung für die Übernahme der frühneuzeitlichen Sonderfunktion. Namentlich die bis ins 19. Jahrhundert anhaltende Stagnation oder Schrumpfung der oberdeutschen Städte hing mit diesen Verlagerungen zusammen. Im Westen und Norden litten darunter Köln (Stagnation bei 40000), Soest (von 15000 um 1550 Schrumpfung auf 5000) und Lübeck (Stagnation um knapp 25000) sowie die meisten der übrigen Ostseehäfen einschließlich Danzig (ab 1650: von 70000 auf 40000).

Das oberdeutsche Städtenetz zu Beginn der Neuzeit Zu Beginn der Neuzeit lag das ökonomische Schwergewicht des Reiches in Oberdeutschland mit seinem engen Netz urbaner Wirtschaftszentren. Im Zeichen des frühen Handelskapitalismus, wie das Wirtschaftssystem zwischen etwa 1450 und 1550 von Wirtschaftshistorikern genannt wird, lenkte ein noch stadtsässiges frühneuzeitliches Wirtschaftsbürgertum von Nürnberg, Augsburg, Ulm oder Ravensburg aus mit modernen Betriebsformen und Finanztechniken sowie in systematischer Abstimmung die vier Sektoren seiner Großunternehmungen, nämlich Montangewerbe, Verlag, Fernhandel und Kreditgeschäfte. Mit diesen Wirtschaftsaktivitäten überzogen die frühen Handelskapitalisten nicht nur Deutschland, sondern Europa und die bekannte Welt, von Norditalien bis über die Küsten der nördlichen Meere hinaus, vom Erzgebirge und den Karpaten bis zur iberischen Halbinsel und von dort über den Atlantik hinweg. Die oberdeutschen Reichsstädte waren das Umland beherrschende Zentren und Hauptknotenpunkte eines süddeutschen Städtenetzes, in das als Unterzentren die Mittel- und Kleinstädte der Region eingebunden waren und das über Schaltstellen an seinen Rändern ausgriff nach Nordosten (von Nürnberg über Prag und Breslau nach Thorn und Danzig, Krakau und Lublin) sowie nach Westen und Nordwesten (Straßburg, Frankfurt, Köln, Aachen, schließlich auch zu den belgisch-niederländischen Städten).

Das Hanse-Netz In mannigfaltigem Austausch mit dem süddeutsch-frühkapitalistischen Städtenetz, von Entstehung, Charakter und Erstreckung her aber deutlich von ihm unterschieden, koexistierte im Norden das Städtenetz der Hanse. Von den großen Handelszentren an der Ost- und Nordsee (Lübeck, Wismar, Rostock, Stralsund, Hamburg und Bremen) erstreckte es sich nach Osten (Danzig, Visby, Reval, Nowgorod), Norden (Bergen) und Westen (Holland, Flandern, England). Im Binnenland reichte es als ein dichtes System von Haupt- (Lüneburg, Braunschweig, Köln), Mittel- (Osnabrück, Münster, Dortmund, Magdeburg, Erfurt u.a.) und Unterzentren (z.B. Herford, Lemgo, Paderborn, Einbeck, Göttingen, Brilon, Korbach, Attendorn, Mühlhausen, Merseburg) bis in den nördlichen Saum der deutschen Mittelgebirge hinein. Der Radius des Hansehandels reichte noch wesentlich weiter, nach Westen bis Nordfrankreich und Portugal (Baiensalz), nach Norden bis Island und den Färöern. Wirtschaftsorganisatorisch und handelstechnisch basierte dieses Netz auf älteren und traditionelleren Prinzipien als das süddeutsche, nämlich nicht auf dem individuellen Unternehmerprinzip (Fugger) und der Wechselseitigkeit der Handels- und Unternehmergeschäfte zwischen Einheimischen und Fremden, sondern auf korporativer Privilegierung auf der Basis einseitiger Handelsvorteile in den Partnerstädten, während zu Hause in den Hansestädten Fremde nur über einheimische Makler verkaufen oder kaufen durften. Im Hansenetz erfolgte der Warenaustausch auf der Basis schnell wechselnder Vergesellschaftung, mit breit gestreutem Risiko, ohne Monopol- oder Kartellbildung einzelner Handelshäuser, auch ohne die modernen Formen der doppelten Buchführung sowie der dadurch erleichterten Finanzierung über Kredit und Giralgeld, alles Techniken, die sich im Spätmittelalter in Italien herausgebildet hatten und die längst auch zu den tragenden Strukturen und alltäglichen Mechanismen des süddeutschen Städte- und Handelsnetzes geworden waren. Hinzu kommt ein deutlicher Unterschied in den Stadt-Umland-Verhältnissen. Zwar gab es auch im Hanseraum um 1500 bereits Landgewerbe, das von den Städten her im Verlagssystem organisiert wurde. So namentlich in Aachen, Düren, im Kölner Raum bis ins Bergische und Siegerländische hinein, dazu im Gebiet um Breslau sowie im Westfälischen (Leinenproduktion). Aufs Ganze gesehen war dieses Landgewerbe für das Hansische Städtenetz aber nicht charakteristisch und vom Umfang und dem Organisationsgrad her in keiner Weise mit dem Verlagswesen in Flandern oder in Süddeutschland (Augsburg, Ravensburg u.a.) vergleichbar – weder im Metall- noch im Textilsektor. Dasselbe gilt vom Engagement im Montanbereich. Das Hansenetz wurde durch die Handelspolitik bestimmt; das oberdeutsche Städtenetz durch Unternehmerpolitik, die Handel, Großgewerbe im unmittelbaren Umland wie in fern gelegenen Montangebieten und Geldgeschäfte miteinander kombinierte.

Der Hanse-Handel

Stadt-Umland-Beziehungen

Ungeachtet dieses traditionellen Zuschnitts war das Hansenetz zu Beginn der Neuzeit nicht prinzipiell rückständig und innovationsunfähig, vor allem nicht in seinem binnenländischen Teil. Die Veränderungen kamen von außen, und sie stürzten nicht nur das hansische, sondern auch das süddeutsche, frühkapitalistische

Veränderungen in den Handelswegen und Wirtschaftsschwerpunkten

Städtenetz grundlegend um: Die ökonomische Hauptursache war die Drehung im Achsenkreuz der europäischen Haupthandelswege, nämlich aus der Süd-Nord-Richtung in die West-Ost-Richtung, von Mittelmeer – Alpen – Süddeutschland – Mitteldeutschland hin zur vorherrschenden Linie Atlantik, Holland, Norddeutschland, Baltisches Meer. Daraus und aus dem seit Mitte des 16. Jahrhunderts für Europa bedeutsam werdenden Transatlantikhandel (Sevilla/Antwerpen) ergab sich eine dauerhafte Verlagerung der deutschen und

Aufstieg des Atlantiksaumes zu Lasten Norditaliens und Oberdeutschlands

europäischen Wirtschaftszentren aus dem norditalienisch-süddeutschen Raum nach Nordwesten an den Atlantiksaum. Hinzu kamen die veränderten politischen Rahmenbedingungen im Zuge der frühmodernen Staatsbildung. Im Hanseraum, wo die Landstädte vor-

Probleme des Hanse-Netzes

herrschten, beschnitt der frühneuzeitliche Fürsten- und Territorialstaat den ökonomischen und handelspolitischen Spielraum zahlreicher Städte, was zugleich die Funktionsfähigkeit des Hansenetzes insgesamt schwächte. Der Aufstieg der west- und nordeuropäischen Nationalstaaten sowie des Zarenreiches im Osten ließ dort rasch den Willen zum Eigenhandel erstarken und damit zum Kampf gegen die privilegierte Vermittlerfunktion der deutschen Hanse – 1494 wurde erstmals das Hansekontor in Nowgorod geschlossen, ein Jahrhundert später (1598) verlor der Städtebund für immer den Londoner Stalhof. Für die süddeutschen Reichsstädte ergaben sich

Krise des oberdeutschen Städtenetzes

zunächst neue Wachstumsimpulse, insofern nämlich ihre großen handelskapitalistischen Firmen den aufsteigenden Staaten das nötige Geld vorschossen und dadurch mannigfaltige Vorteile erlangten. Das schlug aber sogleich in einen schweren Nachteil um, als seit Mitte des 16. Jahrhunderts die Fürstenstaaten in die Finanzkrise gerieten und die ersten großen Staatsbankrotte gerade unter den großbürgerlich-frühkapitalistischen Unternehmern und Finanziers zu einem wahren „Firmensterben" führten.

Neue Chancen und Versuche der Anpassung

Neben den zweifellos vorherrschenden negativen Folgen beinhaltete der Umbruch jedoch auch neuartige Impulse für die deutschen Städte. Voraussetzung war aber die flexible Anpassung sowohl der einzelnen Stadt als auch des Städtesystems und der Städtenetze. Die oberdeutschen Reichsstädte haben zunächst durchaus Anschluß an das neue Welthandelszentrum am Atlantiksaum gefun-

den und sich auch auf die technischen und organisatorischen Strukturen des dort entstandenen atlantischen „Weltwirtschaftssystems"
einzustellen gewußt. War das süddeutsche Städtenetz ursprünglich
durch die transalpine „Hauptschlagader" nach Venedig und in die
Levante hinein versorgt worden, so bildete sich um 1550 rasch eine
ähnlich vitale Anbindung an den Atlantikhandel aus, nämlich über
Frankfurt, Köln und Aachen nach Antwerpen. Eine dauerhafte, Der Aufstieg
tragfähige Neuorientierung ergab sich daraus aber nicht. Denn der Hollands und die
Spanisch-Niederländische Krieg schuf seit den 1580er Jahren an der Abkopplung des süddeutschen
Nordsee eine neue Situation, in der die holländischen Städte, voran Städtenetzes
Amsterdam, die Nachfolge Antwerpens und Flanderns übernah-
men. Und wenig später zerstörte der Dreißigjährige Krieg die Blüte
des süddeutschen Wirtschaftsraumes endgültig. Das süddeutsche
Städtenetz blieb bis ins 19. Jahrhundert hinein von den überregiona-
len oder gar globalen Austauschprozessen weitgehend abgekoppelt.
Zwangsläufig schrumpften auch seine internen Funktionen, wie namentlich die ausgeprägte gewerbliche Stadt-Umland-Verflechtung.
Im Unterschied zu Nürnberg blieb Augsburg zwar auch nach 1650
eine Gewerbestadt von einiger Bedeutung. Allgemein gilt aber, daß
in Süddeutschland erst die Industrialisierung die Basis für einen
neuen Aufschwung schuf, und zwar auch und gerade in den beiden
genannten traditionsreichen Städten. Am Oberrhein gewann das als
Festungs- und Flüchtlingsstadt (v. a. für Hugenotten) gegründete
Mannheim bereits in der zweiten Hälfte des 18. Jahrhunderts als
pfälzische Residenzstadt überregionale kulturelle Bedeutung (1775
Gründung der „Deutschen Gesellschaft", der u. a. Klopstock, Wie-
land, Schiller, Iffland und Jung-Stilling angehörten). Zu einem
Knotenpunkt von Handel und Verkehr wurde die Stadt aber erst
durch den planmäßigen Ausbau der Rhein- und Neckarhäfen
(1816–1935) sowie durch die Industrialisierung.

Im Norden waren die Voraussetzungen für eine dauerhafte An- Anpassung im
passung an die neuen „weltwirtschaftlichen" Rahmenbedingungen Nordwesten
weit günstiger, jedenfalls im Nordwesten. Voraussetzung war allerdings der Mut, mit den alten Hansegrundsätzen radikal zu brechen.
Am erfolgreichsten war damit Hamburg. Dort hatte man bereits
früh die Fessel des korporativen Prinzips abgestreift. Im 16. und frühen 17. Jahrhundert sicherte man sich durch eine vergleichsweise to-
lerante Fremdenpolitik die Wirtschaftskraft jüdischer und calvinisti- Die Rolle von
scher Flüchtlinge aus Spanien und Portugal bzw. den Niederlanden. Exulanten und Minderheiten
In der 1619 gegründeten Hamburger Bank fanden die neuen Metho-
den der Geld- und Kreditwirtschaft eine erste leistungsfähige Insti-

tution im Reich, die auf Jahrhunderte hin in Norddeutschland und
Skandinavien monetär den Ton angeben sollte. Schließlich nutzte
die Stadt ihre Lage als einziger leistungsfähiger Nordseehafen des
Reiches (Emden war versandet, Bremen lange durch die Schweden
behindert), um Anschluß an den von Amsterdam und London be-
herrschten Welthandel zu bekommen. Da die Holländer im eigenen
Interesse den traditionellen Verkehr in die unmittelbar benachbarten deutschen Städte und rheinaufwärts offenhielten, profitierten
auch die westdeutschen Städte, voran Frankfurt, in bescheidenem
Maße vom europäischen Wirtschaftsboom am Atlantik. Die deutschen Territorialstaaten haben an verschiedenen Orten versucht,
durch die Gründung von Hafenstädten (etwa Holstein-Dänemark in
Glückstadt) und Übersee-Handelskompanien (der Große Kurfürst
in Emden) in den Nordsee- und Atlantikhandel einzudringen.
Große städtegeschichtliche Impulse ergaben sich daraus nicht.

Die Ostseehäfen blieben demgegenüber zwangsläufig zurück.
Vor allem Lübeck litt schwer unter den Verlusten der Hanse durch
den genannten Strukturwandel im skandinavisch-baltischen Raum.
Hinzu kam die rasch anwachsende Konkurrenz der Niederländer,
Engländer und schließlich auch der Russen im Ostseehandel. Dennoch läßt sich auch für die Hafenstädte an der Ostsee nicht generell
von einem Niedergang sprechen. Denn die kommerzielle Revolution des 16. Jahrhunderts erfaßte nicht nur den Atlantik, sondern
auch, und zwar früher noch, die Ostsee. Neben der traditionellen
Versorgung der westlichen Gewerbezonen mit baltischem Korn ging
es nun um die Lieferung der immer dringlicher benötigten Rohstoffe, vor allem für den Schiffsbau (Holz, Teer, Hanf, Häute, Leder
etc.). Auf dieser Basis konnte Lübeck sogar bis weit ins 17. Jahrhundert hinein seinen Handel mit Westeuropa ausbauen. Und auch im
unmittelbaren Umland wußte das Lübecker Großbürgertum seine
Chance zu wahren, indem es durch eine semi-moderne Landwirtschaft von den Hochpreisen für Agrarprodukte profitierte oder ver-
lagsmäßig organisiertes Landgewerbe aufbaute. Selbst die wendischen Hansestädte Rostock, Wismar, Stralsund, Greifswald und
Stettin, die allesamt mit dem Territorialstaat zu rechnen hatten,
konnten die Verluste im Rahmen des älteren Hansehandels zumindest teilweise ausgleichen. Vor allem Stralsund gelang der Übergang
vom mittelalterlichen Privilegiensystem zum neuen Modell von
Handelsbeziehungen auf der Grundlage der Gleichberechtigung der
Partner sowie vom alten Zwischenhandel zur Ausfuhr einheimischer
Agrarprodukte in die nord- und westeuropäischen Großreiche. Wei-

Marginal notes:

Hamburg als deutsches Tor zum frühneuzeitlichen Welthandel

Holland und die rheinischen Binnenstädte

Die Ostsee

Lübeck

Die wendischen Hansestädte

ter im Osten hatte Danzig nach 1650 deutliche Einbußen hinzuneh-
men, und zwar bis 1700 rund zwei Drittel des etwa ein Jahrhundert
früher erzielten Seehandelsvolumens. Hauptursache war die Tatsache, daß mit dem Auftreten Englands als Kornexporteur im Westen
die Nachfrage nach baltischem Getreide radikal zurückgegangen
war. Einen Konjunkturaufschwung erlebten dagegen die teilweise
mit Deutschen besiedelten Städte Riga (Livland) und Narva (Est-
land), weil sie nicht in erster Linie Korn, sondern die Rohstoffe für
den Schiffsbau ausführten.

Vielschichtiger noch war das Anpassungsgeschehen im Binnen- Die Binnenstädte
raum des alten Hansenetzes sowie im nichthansischen Westen.
Während in den ostelbischen Gebieten das Schicksal der Städte nun
ganz von den Fürsten abhing (Berlin z. B. war bereits Mitte des
15. Jahrhunderts die Teilnahme an Hansetagen verboten worden),
konnten die Städte in Niedersachsen, Westfalen und im Rheinland
weiterhin wirtschaftlich relativ frei disponieren. Ihre Kaufmannschaft und das gewerbliche Honoratiorentum zeigten sich durchaus
anpassungsfähig. Der Hansekaufmann älteren Typs wurde ersetzt
durch eine jüngere Fernkaufmannschaft mit neuen, an der aufblühenden Atlantikküste gefragten Handelsgütern sowie durch Verle- Neue Gewerbe-
ger für das aufsteigende ländliche Gewerbe als Vermittler zwischen und Handelszweige
Produktion und Distribution. Alte Hansestädte wie Münster, Osnabrück oder Bielefeld profitierten von der ländlichen Leinenproduktion ihres Umlandes und der steigenden Nachfrage auf dem Welt-
markt. Im Wuppertal stiegen die Flecken Barmen und Elberfeld zu
semi-urbanen Gewerbeagglomerationen auf, die weitreichende
Wirtschaftsverbindungen nach Westfalen, Niedersachsen und in die
Niederlande unterhielten. Im Nordwesten des Reiches kauften die
Wuppertaler Verleger Garn auf. Im Westen liefen die Kontakte vor
allem nach Haarlem, dem Zentrum moderner Bleichmethoden, und
nach Amsterdam, dem führenden Ausfuhrhafen für das in den Ko-
lonien gefragte Leinen. Um 1600 noch große Dörfer, waren Elberfeld und Barmen 1815 an Einwohnerzahl (21 500, 19 000) den alten
Zentren des Rheinlandes, Köln und Aachen, ebenbürtig, an Wirtschaftsdynamik waren sie ihnen wohl gar überlegen. Ähnlich verhielt es sich mit den Kleinstädten Monschau, Stolberg und Krefeld,
wo sich im 16. und 17. Jahrhundert leistungsfähige Textil- bzw. Me-
tallgewerbe ansiedelten.

Auch Köln und Aachen schienen zunächst den Anschluß an Köln und Aachen –
das neue Weltwirtschaftssystem zu finden. In beiden Städten blüh- verfehlte Anpas-
ten neue Gewerbezweige auf, vor allem durch die Einwanderung sung

belgisch-niederländischer Glaubensflüchtlinge. Die katholische Konfessionalisierung, zusammen mit einer Reaktion des traditionellen Zunftgewerbes, erstickte aber diese Ansätze, und auch die Kaufmannschaft konnte schließlich nicht mehr mithalten, wenngleich dieser endgültige Umschlag in Köln wesentlich später einsetzte als früher angenommen, nämlich erst im ausgehenden 17. Jahrhundert. Zu Ende der Frühen Neuzeit erschien die Domstadt den Reisenden, vor allem wenn sie den Vergleich zu Frankfurt zogen, als „eine Insel der Rückständigkeit, der wirtschaftlichen wie geistigen Unfreiheit" und der erschreckenden Pauperisierung von rund der Hälfte aller Einwohner [294: EBELING, Bürgertum, 1 f.]. Dauerhaft war dagegen die Neuorientierung im Falle Frankfurts, die im 16. Jahrhundert ebenfalls von niederländischen Großkaufleuten, Unternehmern und Finanziers auf den Weg gebracht wurde. Ohne daß die Messestadt am Main sogleich ähnlich imposant expandierte wie Hamburg, festigte sich dort die alte Messetradition auf neuer Grundlage. Gleichzeitig damit wurde die neuzeitliche Entwicklung im Gewerbe und in der Finanzwirtschaft angebahnt. Im 18. Jahrhundert ergänzten sich Hamburg, „die allerenglischste Stadt des Kontinents", und Frankfurt, „des Deutschen Reiches Silber- und Goldloch" (Luther), zu den beiden führenden Finanz- und Handelszentren des Reiches. Die qualitative Urbanisierung und Funktionalisierung der Frühen Neuzeit waren somit wesentliche Voraussetzungen dafür, daß im 19. Jahrhundert beide Städte in der Lage waren, als erstrangige Knotenpunkte des neuzeitlichen Städtenetzes ihren spezifischen Beitrag zur Modernisierung zu leisten – Hamburg als Motor der kommerziellen Expansion vor allem im Überseehandel, Frankfurt als Träger der „Finanziellen Revolution". Allein, die Industrielle Revolution hatte ihr Zentrum in Städten ohne große frühneuzeitliche Vorgeschichte – in Essen und Dortmund, die von mittelalterlicher Bedeutung ins Provinzielle herabgesunken waren, oder an Orten wie Gelsenkirchen, Herne und Bottrop, die erst zu Städten erhoben werden mußten. Zur Agglomeration „Ruhr" zusammengewachsen, kann man diese Städte des industriellen Zeitalters Mitte des 20. Jahrhunderts dann mit gutem Recht zu den „führenden europäischen Städten" zählen, und zwar an vierter Stelle gleich hinter London, Paris und Moskau und mit deutlichem Abstand vor Berlin (vgl. Tabelle 3). Generell läßt sich sagen, daß auch bei der Anpassung der städtischen Wirtschaft an die Bedingungen der Frühen Neuzeit der Dreißigjährige Krieg eine breite Schwelle markierte. Danach war

Der Erfolg Frankfurts und Hamburgs

Der Übergang ins 19. Jahrhundert

Die industrielle Revolution und die europäische Großstadt „Ruhr"

Der 30jährige Krieg als Inkubationszeit des Wandels

entschieden, ob die neue Wirtschaftsdynamik auf der Basis der eingangs erwähnten Funktionalität ruhte und daher von Dauer war oder ob es sich nur um das Strohfeuer einer Scheinanpassung gehandelt hatte. Letzteres war offensichtlich bei den süddeutschen Städten sowie bei Aachen und Köln der Fall gewesen. Noch ein weiteres war in der Inkubationszeit des großen Krieges endgültig nach vorne getreten – das Schwergewicht des frühmodernen Staates und seines modernen Beamtentums, und zwar bei der allgemeinen Wirtschaftsförderung ebenso wie bei den dadurch und durch andere staatliche Impulse maßgeblich bestimmten Veränderungen des deutschen Städtewesens.

Dieser etatistische Charakter der deutschen Stadtentwicklung nach 1650 ist bei der Vielzahl von kleinen und mittleren Landstädten ebenso offensichtlich wie bei den meisten der erwähnten Sondertypen (Haupt-, Residenz-, Festungs-, Universitäts-, häufig auch Exulantenstädte, vgl. II, 2). Wo es möglich war, knüpfte die staatliche Wirtschafts- und Städteförderung an gewachsene Tradition an, etwa der preußische Staat in Bielefeld sowie bei den niederrheinischen und schlesischen Städten. In vielen, wahrscheinlich den meisten Fällen kann man daher bilanzieren, daß bei den Landstädten dem Verlust an Autonomie ein Gewinn an Funktionen, häufig auch an Wirtschaftskraft gegenübersteht. *Der etatistische Charakter der Stadtgeschichte nach 1650*

Ein Unterschied zum Mittelalter ist besonders bezeichnend: Komplementär zum Aufkommen der „Festungsstädte" mit ihrer spezifischen Verteidigungsfunktion für die Region entstanden unter dem Absolutismus erstmals Städte ohne wirklich verteidigungsfähige Ummauerung (etwa Krefeld, Elberfeld, Barmen). Die Verteidigung solcher, für die Wirtschaft des Staates häufig besonders wichtigen Städte wurde durch die staatlichen Armeen gesichert, möglichst an der Grenze des neuzeitlichen Flächenstaates sowie durch die strategisch günstig gelegenen Festungsstädte der Region. Trotz dieses Verzichts auf Verteidigungsmauern war bei einem bestimmten Typus die frühneuzeitliche Stadterhebung mit der Errichtung einer Abgrenzung der städtischen Siedlungen vom platten Land verbunden. Das waren die sogenannten Akzisestädte, die vor allem in den brandenburgisch-preußischen Territorien entstanden. Die Mauern oder Bretterzäune dienten hier fiskalischen Zwecken, nämlich der besseren Kontrolle bei der Erhebung der indirekten Akzise-Steuer des absolutistischen Staates. In den Westgebieten, voran in Ravensberg, später auch in der Mark, waren es vor allem die aufblühenden ländlichen Gewerbezentren, meist der Leinenproduktion, die zu *Festungsstädte und mauerlose Städte* *Akzisestädte*

Akzisestädten erhoben wurden, so etwa Vlotho, Werther, Halle, Versmold, Borgholzhausen, später auch Bünde und Enger. Auch die Hauptstadt Berlin wurde mit einem Akzisezaun umgeben.

Die Bedeutung des Staates für die frühneuzeitliche Urbanisierung

Wie immer man die Rolle und den Effekt der staatlichen Interventionen im konkreten Fall beurteilen wird, fest steht, daß sie die wirtschaftlichen und gesellschaftlichen Verhältnisse in den frühneuzeitlichen Städten maßgeblich bestimmt und dadurch – negativ oder positiv – die Grundlagen für die moderne Urbanisierung des 19. Jahrhunderts gelegt haben. Allgemein wird man wohl die Rolle des Staates bei der Vorbereitung der Transformation wieder differenzierter und positiver beurteilen als in der letzten Generation. Dafür spricht auch das Geschehen an den großen „staatsfreien" Wirtschaftszentren: Als Ausfallstor auf die Weltmärkte profitierte Hamburg von der merkantilistischen Handelspolitik der Elbanrainerstaaten Brandenburg-Preußen und Sachsen. Frankfurts Aufstieg zum führenden Finanzzentrum war im 18. Jahrhundert eng mit dem Finanzgebaren der umliegenden Staaten, vor allem Hessen, verknüpft, und selbst im 19. Jahrhundert blieb „der Kapitalmarkt in Frankfurt (entscheidend) an die Staatsfinanzierung gebunden" [H. P. ULLMANN, in: VSWG 77 (1990) 92].

Kulturelle Differenzierung

Parallel zur demographischen und sozio-ökonomischen ergab sich auch eine kulturelle Differenzierung, Funktionalisierung und Intensivierung. Sie verlief weitgehend, aber keineswegs vollständig parallel zur ersteren: Die beiden Haupt- und Weltstädte Berlin (1700: erste bedeutendere Akademie auf deutschem Boden) und Wien wurden zugleich zu Zentren der Kunst und des geistigen Lebens. Auf spezifische Weise gilt das auch für die dritte Großstadt,

Das republikanische Gegenmodell

nämlich Hamburg, das so etwas wie ein republikanisches Gegenmodell zur höfischen Kultur der deutschen Residenzstädte entwickelte, geprägt durch intellektuelle und kulturelle Kontakte nach England, in die Niederlande und nach Übersee. Im späten 18. Jahrhundert lag hier und im benachbarten Altona der Schwerpunkt der bürgerlichen Aufklärung. Teilweise oder ganz abgekoppelt von der demo-

Die Dominanz der Residenzstädte

graphischen und ökonomischen Differenzierung war die Kulturblüte der mittleren (Dresden, Stuttgart, München etc.) sowie vor allem der kleineren Residenzstädte. Die territoriale Zersplitterung des Reiches hatte jedenfalls den Vorteil, daß sich in Deutschland nicht eine alles dominierende Kulturmetropole entwickelte, sondern eine ganze Landschaft kultureller Zentren entstand – am „klassischsten" in Thüringen mit Eisenach, Gotha, Coburg, Weimar, Altenburg, Henneberg, Arnstadt, Rudolstadt, Gera und noch manch

anderer Residenz. Ähnlich verhielt es sich mit den Universitätsstäd- Universitätsstädte
ten, die nach der Gründungswelle spätmittelalterlicher Stadtuniver-
sitäten in der Frühen Neuzeit eine differenzierte, durch die Territo-
rialisierung und die damit verkoppelte Konfessionalisierung geprägte Bildungslandschaft ausmachten. Wo allerdings ein Hof
fehlte und der Staat nicht interessiert war, dort hatte es selbst eine
„Provinzkultur" schwer. Vor allem die oben skizzierten demographischen und sozio-ökonomischen „Schrumpfungstypen" blieben
auch hinter der kulturellen Entwicklung zurück. In Städten wie Stagnation bei feh-
Dortmund und Soest blieb das Stadtbild gotisch-mittelalterlich. Ein lenden Impulsen des Hofes oder des
Höhepunkt wie bei der mittelalterlichen Malerei (Altarbilder des Staates
Konrad von Soest) oder bei der literarischen Kleinproduktion des
15. und frühen 16. Jahrhunderts wurde dort nach dem sozio-ökonomischen Niedergang nicht mehr erreicht.

Neben den spektakulären kulturellen Leistungen der frühneuzeitlichen Groß-, Residenz- und Universitätsstädte standen die alltäglichen Kultur- und Bildungsfunktionen der zu Hunderten zäh- Schulen und
lenden Klein-, Mittel- und Provinzstädte. Vor allem im 16. Jahrhun- Bildungswesen
dert, dem Jahrhundert der europäischen Bildungsrevolution, wurden die mittelalterlichen Stadtschulen rasch ausgebaut, und zwar oft
bis in entlegene Winkel der Territorien. Nach dem Hiatus des Dreißigjährigen Krieges und der unmittelbaren Nachkriegsjahre nahmen Absolutismus und Aufklärung den Aufbau wieder auf, allerdings mit bezeichnenden Akzentverschiebungen: Ging es im 16.
und 17. Jahrhundert vorrangig um den Nachwuchs an Beamten und
Theologen sowie um die Sicherung der frommen Erziehung auf der
Basis der jeweiligen konfessionellen Orthodoxie, und zwar sowohl
in den städtischen Elementarschulen als auch in den Gymnasien
und Lateinschulen, so trat jetzt die Erziehung zum fähigen und flei-
ßigen Untertan, schließlich die „Volksaufklärung" in den Vordergrund. Über den Effekt geben erst einzelne Fallstudien Auskunft
(II, 2). Allgemein läßt sich jedoch festhalten, daß das deutsche
Stadtbürgertum auch im 18. Jahrhundert keineswegs bildungsfeind-
lich war, wenn auch nicht überall die Dichte und Qualität des
Schulnetzes der Zeit des Humanismus und der Bildungsrevolution
des 16. Jahrhunderts wieder erreicht werden konnten. Auch kleine
Reichsstädte, denen aufgeklärte Kritiker zu Ende des Alten Reiches
gerade in Bildungsangelegenheiten gerne einen „Dämmerschlaf"
nachsagten, zeigten sich durchaus zu aufgeklärten Schulreformen
fähig, die „nicht nur mit neuen Inhalten, sondern auch mit strengen
Bestimmungen über den regelmäßigen Schulbesuch verbunden" wa-

ren [303: HAHN, Kultur, 165]. Schließlich war die frühneuzeitliche

Buch- und Lese-kultur

Stadtkultur auch und vor allem eine Erfolgsgeschichte des Buchdruckes, der seit seinem Aufkommen stets ein stadtsässiges Gewerbe war, wenn auch in der Regel nicht zünftisch organisiert. Dabei weist die Entwicklung im frühneuzeitlichen Netz des städtischen Buchdrucks insofern eine Besonderheit auf, als sich ungeachtet der stets sichergestellten Selbstversorgung der großen Territorien und Städte ein „nationaler" Schwerpunkt herausbildete, nämlich im Städtenetz Thüringens und Sachsens, wo neben der alle übrigen Städte überragenden Druckmetropole Leipzig (1610–19 2296 Editionen gegenüber 1799 in Frankfurt, 1375 in Köln, 804 in Wittenberg; 1665–1705: 5556, Berlin 2423, Wien 1235, Halle 1154, Frankfurt 1137) eine ganze Kette weiterer Druckzentren zweiten und dritten Grades aufgereiht war, von Eisenach über Gotha, Erfurt, Weimar, Jena, Gera, Chemnitz, Freiberg hin nach Dresden, Bautzen, Zittau und Görlitz [nach 299: FRANÇOIS, Géographie]. Wie die Karten 2 a und 2 b zeigen, festigte sich die dominierende Stellung Leipzigs vom 17. zum 18. Jahrhundert, während Augsburg, Frankfurt und Wittenberg deutlich zurückfielen. Innerhalb desselben Zeitraums erlebten Berlin, Nürnberg und die beiden Universitätsstädte Halle und Jena einen Aufschwung als überregional bedeutende Druckzentren.

Differenzierung des städtischen Kirchenwesens

Eine Differenzierung machte auch das Kirchenwesen der Städte durch. Nachdem Reformation und Konfessionalisierung zunächst sogar noch eine Steigerung des mittelalterlichen Monismus gebracht hatten, das heißt der Vorstellung, daß Stadt- und Kirchengemeinde identisch sein sollten, wurden die Städte im 17. Jahrhundert rasch von der Realität der mit der Reformation aufgebrochenen tatsächlichen Glaubensvielfalt eingeholt. Als dann seit dem ausgehenden 17. Jahrhundert der Toleranzgedanke kräftiger wurde – aufgrund innerreligiöser Prozesse ebenso wie aus politischen oder ökonomischem, vor allem vom Staat aufgestellten Kalkül – und im 18. Jahrhundert dann die Aufklärung jede Form von Dogmatismus

Toleranz und Multikonfessionalität

anprangerte, entwickelte sich vor allem in den Großstädten (Berlin), in geringem Umfang auch in Mittel- und Kleinstädten, ein vielschichtig differenziertes Kirchen- und Religionswesen. Davon profitierten aber so gut wie ausschließlich die christlichen Konfessionen

Nur begrenzte Verbesserung für die Juden

und Denominationen, während das Freiheitspostulat der Aufklärung für Juden realgeschichtlich weitgehend folgenlos blieb. Das gilt für die rheinischen Städte ebenso wie für Berlin, wo eine 1786 zur Revision des jüdischen Rechtsstatus eingesetzte Beamtenkommission nach Ansicht der Betroffenen nur verschlechternde Vor-

Karten 2a, b: Entwicklung im frühneuzeitlichen Netz des städtischen Buchdrucks, Anfang 17. bis Mitte 18. Jahrhundert

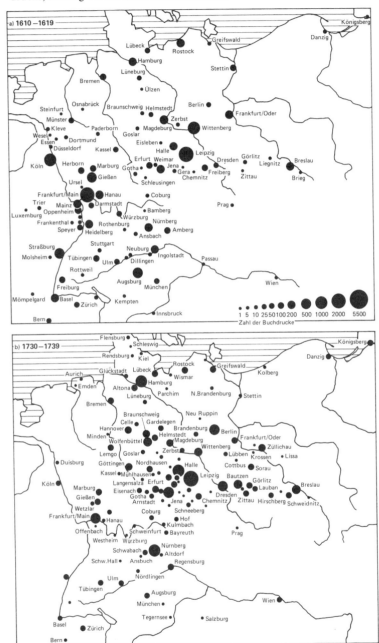

[Nach: 299: FRANÇOIS, Géographie, 62, 65]

schläge machte, oder für Hamburg, wo der Rat 1746 auf Druck einer Allianz von lutherischen Pfarrern und Bürgerschaft das Zugeständnis eines Synagogenbaues widerrufen mußte. Lediglich in Mainz verbesserte sich die Lage der Juden beachtlich, als der Kurfürst und Erzbischof Friedrich Karl von Erthal 1784 und 1785 mehrere Gleichstellungsdekrete erließ.

Sozio-ökonomische Differenzierung und Funktionalisierung

Als Differenzierung und Funktionalisierung läßt sich schließlich auch der sozio-ökonomische und soziale Wandel auf den Begriff bringen, den die städtische und bürgerliche Gesellschaft zwischen spätem Mittelalter und 19. Jahrhundert erlebte. Das war ein komplexer und langfristiger Prozeß, der einer eigenen Darstellung bedarf und hier nur in seinen Grundzügen skizziert werden kann. Im späten 14. Jahrhundert beginnend, nahm die in der Stadtgesellschaft von Anfang an angelegte soziale Differenzierung innerhalb

Zunehmende Gegensätze zwischen Ober- und Unterschichten, zwischen Arm und Reich

der städtischen Gesellschaft in der Frühen Neuzeit rasch zu. Der Abstand zwischen Ober- und Unterschichten vergrößerte sich, und zwar vor allem in den Gewerbe- und Handelszentren. Die Zahl der lebenslangen Gesellen ohne Aussicht auf eine Meisterposition, der Lohnarbeiter, Knechte und Mägde sowie der Haushalte alleinstehender Frauen, meist Arbeiterinnen, nahm vor allem während des 16. Jahrhunderts rasch zu. Zugleich traten im Stratifikationsmuster, also in den Schichten sozialer Ungleichheit, vor allem der Groß-

Klassenmäßige Züge im Stratifikationsmuster

städte klassenmäßige Züge auf, das heißt Rangmerkmale traten nach vorne, die durch Einkommen und Stellung im Produktionsprozeß, mehr noch durch Chancen im Groß- und Fernhandel bestimmt waren. Der dominant ständemäßige, das heißt nach sozialem Ansehen, „Ehre" und Teilhabe an „Herrschaft" bestimmte

Konstanz des ständischen Grundcharakters

Grundcharakter der städtischen Gesellschaft wurde dadurch jedoch nicht prinzipiell in Frage gestellt. Zudem wurden mit dem Sieg des Fürstenstaates und dem ihn begleitenden Adelskompromiß zwischen Krongewalt und Nobilität im 17. und 18. Jahrhundert, von wenigen Ausnahmen abgesehen, auch in den Städten diese standesmäßigen Stratifikationsmerkmale wieder aufgewertet.

Schwierigkeiten der alten Mittel- und Oberschicht

Die alte bürgerliche Mittelschicht der Kleinhändler und Gewerbemeister geriet in Schwierigkeiten, und zwar vor allem in den Großstädten und zeitlich Ende des 16. und Ende des 18. Jahrhunderts. Für das 18. Jahrhundert ist sogar von ihrer Pauperisierung gesprochen worden. Auch die Oberschicht erlebte einen kräftigen Veränderungsschub. Das mittelalterliche Patriziat – das geschlossene in Süd- und Westdeutschland ebenso wie die alte semipatrizische Hansekaufmannschaft – erhielt Konkurrenz durch ein aufsteigendes Honoratiorentum oder ein „Gelehrtenpatriziat" [R. ENDRES, in: 151: Blickle, Landgemeinde, 106 f.], mit dem es sich die politische Führung teilen mußte, wenn es nicht gar vorzog, die Stadt zu verlassen, um ein adliges Landleben aufzunehmen. Der ökonomische und politische Wandel der werdenden Neuzeit eröffnete Mitgliedern der Mittel- und Oberschicht aber auch neue, den Handlungsspielraum entschieden erweiternde Möglichkeiten. Davon profitierten diejenigen Familien, die bereit waren, die traditionelle Fixierung allein auf den städtischen Kosmos aufzugeben und die Chancen wahrzunehmen, die das neue territorial geleitete Zeitalter bot. In der Mittelschicht waren das etwa die Gewerbetreibenden und Händler, die sich auf die Bedürfnisse des Hofes und auf den territorialen Wirtschaftsrahmen einstellten, oder diejenigen, die mittlere Hof-, Staats- und Stadtämter übernahmen. Größer noch war der Differenzierungsschub in der Oberschicht: Gehörten in den mittelalterlichen Städten ökonomische, politische und auch geistlich-kulturelle Führungspositionen eng zusammen, wo nicht bei ein und derselben Person, so doch in derselben Familie, so war die frühneuzeitliche Bürgerelite funktional differenziert – in eine *Juristenelite,* die in den Städten und im Territorium politische und administrative Führungsaufgaben wahrnahm; in die Elite eines frühneuzeitlichen *Wirtschaftsbürgertums*, die als Verleger und Unternehmer, in bescheidenem Maße neben den Hofjuden auch als Finanziers tätig war; schließlich im Falle der protestantischen Territorien in die *geistliche Elite* der Pfarrer, Superintendenten und Hofprediger, die im Unterschied zur katholischen Klerikerhierarchie mit ihren oberen Adelsrängen rein bürgerlich war. Juristen- und Pfarrerbürgertum hatten viele Gemeinsamkeiten und unterhielten auch ein Konnubium. Allen drei Elitenformationen des frühneuzeitlichen Bürgertums ist gemein, daß sie nur noch zum Teil stadtsässig waren und in ihrem Handeln und Denken die traditionellen Grenzen stadtbürgerlicher Existenz überwunden hatten. Das war ein territoriales Bürgertum; aus den mittelalterlichen Stadtbürgern waren „die Bürgerlichen" (P. E. SCHRAMM) der Frühen Neuzeit geworden, die ein Brückenglied zwischen dem alteuropäischen und dem modernen Bürgertum ausmachen.

Die frühneuzeitlichen Wandlungen im deutschen Städtewesen hatten – so muß das Fazit lauten – vielschichtige Ursachen und komplexe Folgen. Allgemein gesprochen, war das Städtewesen des Reiches um 1800 differenzierter, spannungsreicher und zweifellos auch leistungsfähiger als dasjenige um 1500, leistungsfähiger sowohl

Aufstieg neuer bürgerlicher Gruppen

Frühneuzeitliche Differenzierung der bürgerlichen Elite

Territoriales Bürgertum und die Bürgerlichen

Die frühneuzeitliche Urbanisierung

Karten 3 a, b: Veränderungen im Typus und in der Verteilung von Großstädten im Alten Reich zwischen 1500 und 1800
3 a: Großstädte des Heiligen Römischen Reiches Deutscher Nation um 1500

[Nach: 26: FRANÇOIS, Républiques, 588 f.]

hinsichtlich der in den Städten produzierten Güter sowie des Waren- und Informationsaustausches zwischen den Städten und Städtegruppen als auch hinsichtlich der Leistungen für die Menschen. (Bildungswesen, Sozial- und Armenfürsorge, Kultur, in gewisser Hinsicht sogar kirchlich-religiös, insofern die kirchliche Versorgung für mehrere Konfessionen und sogar für Christen außerhalb der Großkonfessionen sowie der Juden innerhalb ein und derselben Stadt nun fast zur Regel geworden war.) Diese Komplexität zugestanden, wird man dennoch dem französischen Stadthistoriker ETIENNE FRANÇOIS zustimmen können, der die Entwicklung vom mittelalterlichen zum frühneuzeitlichen Städtewesen des Reiches auf die Formel gebracht hat: „Von den Handelsrepubliken zu den

Typologischer Wechsel in der deutschen Städtehierarchie

3b: Großstädte des Heiligen Römischen Reiches Deutscher Nation um 1800

[Nach: 26: FRANÇOIS, Républiques, 588 f.]

politischen Kapitalen" [26: FRANÇOIS, Républiques]. Denn ungeachtet der hervorragenden Rolle der autonomen oder semiautonomen
Wirtschaftszentren wie Hamburg, Frankfurt oder Leipzig war das
Typische des frühneuzeitlichen Städtewesens ohne Zweifel der rasche Aufstieg der Residenz- und Hauptstädte und damit die Prä-
gung durch das Politische (des Hofes, der Regierung, der Verwaltung, des Fürsten) statt durch Handel und Kaufleute. Voraussetzung
für diesen Umsturz in der „städtischen Hierarchie" des Reiches war
eine grundsätzliche Veränderung im Verhältnis zwischen Stadt und
Staat, wie sie sich im Zuge der frühmodernen Staatsbildung ergab.
Diese typologische Verschiebung im urbanen Schwergewicht im
Reich ist in den Karten 3 a und 3 b dokumentiert.

3. Stadt und frühmoderne Staatsbildung

Die frühmoderne Staatsbildung hat die Geschichte von Stadt und Bürgertum in Europa nachhaltig geprägt. Dabei ergab sich in Deutschland insofern eine besondere Situation, als die Neuformie-

Territoriale Staats-bildung rung der politischen Ordnung dort auf zwei Ebenen ablief – in den Territorien als Herausbildung des frühmodernen bürokratisch-insti-tutionellen Flächenstaates, wie er sich in den meisten anderen euro-

Formierung des frühneuzeitlichen Reichssystems päischen Ländern im nationalen Rahmen etablierte, und auf der Ebene des Reiches als Formierung des frühneuzeitlichen Reichssy-stems, d. h. als Anpassung der vorstaatlichen politischen Organisa-tion an die neuen Bedingungen eines durch die neue Realität vom Staat bestimmten Zeitalters. Beide Teilprozesse berührten auf je ei-gentümliche Weise Stellung und Handlungsspielraum sowohl der Reichs- wie der Territorialstädte, wenn auch in je unterschiedlicher Intensität und Qualität. Weiterhin ist gerade für den deutschen Kontext zu beachten, daß es sich bei diesem politisch-institutionel-len Wandel um einen Prozeß von Jahrhunderten handelte. Stadt und Bürgertum hatten es im wesentlichen mit der Herausbildung des neuen Modells politischer Herrschaft zu tun bzw. mit entspre-chenden Ansprüchen der Fürsten und der Bürokratie. Vor allem in den Klein- und Mittelterritorien konnte sich der Staat der Neuzeit bis zuletzt nicht voll etablieren.

Neue Sicht der stadtgeschicht-lichen Folgen So sehr die neuere Forschung (vgl. unten II,1 und II,3) zu Recht die Perspektive der älteren Stadtgeschichtsschreibung ab-lehnt, derzufolge der Aufstieg des neuzeitlichen Staates für die Städte nur Verlust und Abstieg bedeutete, so sehr ist daran festzu-halten, daß Stadt und Bürgertum durch die Staatsbildung in ein qualitativ anderes Bezugssystem gerieten oder – anders ausgedrückt – in eine Konstellation gerückt wurden, in der die realpolitischen Gewichte anders verteilt waren und neue rechtliche und politiktheo-

Der Staat über-nimmt die Führung retische Prinzipien galten. Anders als im Mittelalter und in weiten Teilen des 16. Jahrhunderts waren die Städte nach 1650 kaum noch Motoren der „Modernisierung". Sie waren den politischen und ge-sellschaftlichen, ja zu einem großen Teil selbst den wirtschaftlichen Wandlungen und Innovationen ausgesetzt oder doch eher passiv daran beteiligt. Aus städtischer Perspektive ist daher das Passiv die angemessene Sprachform, die mit der Staatsbildung verbundenen

Vorreiterposition der mittelalter-lichen Städte Vorgänge zu beschreiben, ganz anders als entsprechende Prozesse vor 1500, als die Städte agierten, nicht reagierten: beim Aufbau in-

nerstädtischer Regierungs- und Verwaltungsorgane, eines funktions-
fähigen Rechtsganges, rationaler Ordnung und entsprechender Institutionen für Handel und Gewerbe; bei der Kranken-, Armen-
und Altenfürsorge, bei den Erziehungs- und Bildungsanstalten, im
kirchlichen und religiösen Leben. Ähnlich verhielt es sich bei dem
großen, in der Neuzeit zum Inbegriff staatlicher Aktivitäten aufsteigenden Komplex der „Policey und guten Ordnung", der die Errichtung des „gemeinen Nutzens" und die Aufrichtung des wohlbestell-
ten Gemeinwesens zum Ziel hatte. Begriff und Sache tauchte im
späten Mittelalter vornehmlich in den Städten auf. Die Landesherren folgten dem städtischen Vorbild zunächst eher zögerlich, seit
dem ausgehenden 16. Jahrhundert dann aber immer entschiedener,
und zwar mit jenem Ausschließlichkeits- und Absolutheitsanspruch, **Der Umschwung**
der dem frühmodernen Territorialstaat unter dem Souveränitäts- **im Verlaufe des**
prinzip eigentümlich war. Von wenigen sich selbst tragenden Wirt- **16. Jahrhunderts**
schaftszentren wie Hamburg und Frankfurt abgesehen, waren es
dann in der neuen, staatlich bestimmten Konstellation im wesentlichen außerstädtische, staatlich-bürokratische Kräfte, die über
Chancen oder Entfaltungsbarrieren (etwa im Falle von Festungen)
einer Stadt entschieden.

Der Umschwung war im Reich besonders radikal, weil dort das
vor-staatliche Städtewesen kräftig und differenziert ausgeprägt war.
Vor allem die Autonomietradition war in den Städten des Reiches
einschließlich der Niederlande tiefer und breiter verwurzelt als ir-
gendwo anders in Europa. Die frühneuzeitliche Reichspublizistik
und die moderne Städteforschung nennen in diesem Zusammen- **Autonomietradi-**
hang stets den besonderen Rechtsstatus der Reichsstädte. Das ist **tion war nicht auf**
aber eine verengende, ja falsche Perspektive. Denn die scharfe Tren- **Reichsstädte be-**
nung zwischen Reichs- und Land- oder Territorialstädten war ja **schränkt**
erst die Folge der frühmodernen Staatsbildung. Die Konzentration
auf die Reichsstadt verstellt daher den Blick auf die Realität des
deutschen Städtewesens zu Beginn der Neuzeit. Diese war im Hinblick auf den Autonomiestatus der Städte durch vielschichtige Ab-
stufung und nicht durch eine verfassungsrechtlich klare Unterschei-
dung charakterisiert. Wohl gab es die hervorgehobene Gruppe der
Reichs- und Freistädte. Den rechtlichen und politischen Status, den
sie innerhalb des frühneuzeitlichen Reiches einnahmen, erhielten
sie aber erst in der Formierungsphase des frühneuzeitlichen Reichs- **Reichsstädte und**
systems. Entscheidend war dabei ihre Stellung auf dem Reichstag, **Formierung des**
die nach den Vorentscheidungen zu Ende des 15. Jahrhunderts end- **Reichssystems**
gültig erst 1648 mit der Zubilligung des votum decisivum geklärt

wurde. Dieser institutionellen Verankerung im Reich entsprach übrigens die zunehmende Tendenz des Reichsoberhauptes, bei innerstädtischen Spannungen durch Mandate oder Kommissionen in die inneren Verhältnisse der Reichsstädte einzugreifen – in gewisser Weise eine Parallele zur umfassenderen Präsenz der Territorialstaaten bei den frühneuzeitlichen Landstädten.

Autonomietradition bei den „Nicht-Reichsstädten"

Wichtiger noch als die Langfristigkeit der Reichsstadt-Werdung ist die Tatsache, daß die Autonomietradition keineswegs auf die Reichs- und Freistädte begrenzt war. Die „Nicht-Reichsstädte" waren eine in sich außerordentlich differenzierte Gruppe. Grob skizziert umfaßte sie drei Stadtarten – Städte ohne eine oder mit einer eingeschränkten Selbständigkeit; eine breite Mittelgruppe mit erheblicher Selbstbestimmung; schließlich die faktisch autonomen Stadtrepubliken, die sich von ihren Stadt- bzw. Landesherren so gut wie nicht dirigieren ließen. Diese für das deutsche Städtewesen der werdenden Neuzeit besonders wichtige Spitzengruppe läßt sich be-

Die „Semi-Reichsstädte" oder „Autonomiestädte"

grifflich als „Semireichsstädte" oder „Autonomiestädte" charakterisieren. Allgemein kann gelten, daß – von bestimmten städtearmen Regionen abgesehen – zu Beginn der Neuzeit Autonomie oder zumindest eine Teilautonomie unter den deutschen Städten das Normale, die Abhängigkeit das Unnormale war. Die bedeutendsten Au-

Deren Konzentration an der Ostseeküste, im Westen und Nordwesten

tonomiestädte konzentrierten sich aber entlang der Ostseeküste sowie im Westen und Nordwesten bis nach Mitteldeutschland hinab (Erfurt). Hier zählte dieser Städtetypus nach Dutzenden, darunter mit Magdeburg und Braunschweig zwei Großstädte von 16 000 bis 18 000 Einwohnern, die die Masse der Reichsstädte an realer politischer und wirtschaftlicher Kraft weit überragten, daneben Mittelstädte wie die wendischen Hansestädte, Lüneburg, Göttingen, Soest, Münster, Wesel etc., kleine Mittelstädte wie Herford, Lemgo, Lippstadt und Kleinstädte wie das waldeckische Korbach. Die innere und äußere, über die Grenzen des jeweiligen Territoriums hinweg reichende Selbstbestimmung war bei den Autonomiestädten keineswegs geringer als bei den Reichsstädten. Im Gegenteil, ihr realer Handlungsspielraum war größer als derjenige mancher Reichsstadt. Der einzige Unterschied bestand darin, daß sich im Falle der Autonomiestädte die städtische Partizipation im Rahmen ihres Landes, bei den Reichsstädten dagegen auf der Ebene des Reiches abspielte.

Die politischen und reichsrechtlichen Veränderungen im 16. Jahrhundert

Bis ins späte 15. Jahrhundert hinein kam diesem Unterschied wenig Bedeutung zu. Das änderte sich, als im Zuge der frühmodernen Staatsbildung einerseits auf Abgrenzung und Integration ausge-

richtete Territorien entstanden und sich andererseits auch das Reich
institutionalisierte. Die durch die Reichsmatrikel nachgewiesene
Vertretung auf dem Reichstag wurde im Verlaufe des 16. Jahrhunderts zur Nagelprobe reichsrechtlich abgesicherter Stadtautonomie.
Wie wenig die Städte zunächst jedoch darauf gaben, zeigte der Protest der meisten derjenigen „Nicht-Reichsstädte", die 1521 aus Ver-
sehen in die Reichsmatrikel aufgenommen worden waren. Erst als
deutlich wurde, daß im Rahmen der Territorien ihre politischen   Wachsende Attrak-
Rechte in Gefahr gerieten, wurde für sie der Status einer Reichs-   tivität des Reichsstadt attraktiv: Auf dem Westfälischen Friedenskongreß strebten   stadt-Status
dann mit Eger, Erfurt, Magdeburg, Münster, Osnabrück, Rostock
und Stralsund noch in allerletzter Minute ein halbes Dutzend ehe-
maliger Autonomiestädte die Reichsunmittelbarkeit an – zu spät,
wie sich rasch zeigte. Den Verlust an städtebürgerlicher Politikkultur durch die rechtliche Abschichtung der im späten Mittelalter und
im 16. Jahrhundert politisch so starken und unabhängigen Autonomiestädte des Nordens und Nordwestens zeigt nichts deutlicher als
die geographische Verteilung der frühneuzeitlichen Reichsstädte sowie die geringe urbane Qualität der weitaus meisten unter ihnen
(vgl. Karte 4, Seite 42).

In den anderthalb Jahrhunderten zwischen 1500 und 1650 hatte
nämlich der politisch-verfassungsmäßige Wandel nicht mehr revi-
dierbare Tatsachen geschaffen, die alle „Nicht-Reichsstädte" auf   Der Untergang der
den Status von dem Territorialstaat untergeordneten Landstädten   „Autonomiestädte"
festlegten. Eine Sondergruppe von Semireichsstädten oder Autonomiestädten konnte es nicht mehr geben. Eine wichtige Zäsur war
das Gesetzeswerk von 1555: Während der Verhandlungen, die dem   Die Zäsur von 1555
Religionsfrieden vorangingen, hatten die protestantischen Autonomiestädte des Nordens und Nordwestens vergeblich versucht, sich
durch einen eigenen Hansestadtartikel dem Cuius-regio-eius-religio-
Prinzip zu entziehen und sich dadurch zugleich mit ihrem Protestantismus eine staatsrechtliche Sonderstellung zwischen Reichsstädten
und einfachen Landstädten zu sichern, mit dem Argument, sie
seien, anders als jene, ihrer jeweiligen Landesobrigkeit „nit indeter-
minante ... underthenig" [198: SCHILLING, Republikanismus, 126].
Indem alle „Nicht-Reichsstädte" im Augsburger Gesetzestext
gleichbehandelt und in Religionsfragen ihren Landesherren unterstellt wurden, war die neuzeitliche Dichotomie von Reichs- und Territorialstädten reichsrechtlich festgeschrieben. Um die Wende des
16. Jahrhunderts unternahmen die Juristen der Hanse zwar noch
einmal den Versuch, die Freistädte des Bundes als *civitates mixti*

Karte 4: Verteilung der Reichsstädte

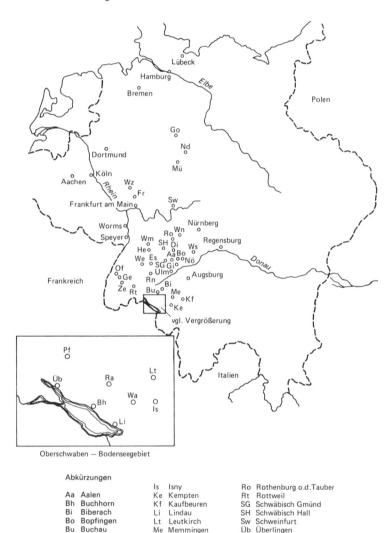

Oberschwaben — Bodenseegebiet

Abkürzungen

		Is	Isny	Ro	Rothenburg o.d.Tauber
Aa	Aalen	Ke	Kempten	Rt	Rottweil
Bh	Buchhorn	Kf	Kaufbeuren	SG	Schwäbisch Gmünd
Bi	Biberach	Li	Lindau	SH	Schwäbisch Hall
Bo	Bopfingen	Lt	Leutkirch	Sw	Schweinfurt
Bu	Buchau	Me	Memmingen	Üb	Überlingen
Di	Dinkelsbühl	Mü	Mühlhausen	Wa	Wangen
Es	Esslingen	Nd	Nordhausen	We	Weil der Stadt
Fr	Friedberg	Nö	Nördlingen	Wm	Wimpfen
Ge	Gengenbach	Of	Offenburg	Wn	Windsheim
Gi	Giengen	Pf	Pfullendorf	Ws	Weißenburg im Nordgau
Go	Goslar	Ra	Ravensburg	Wz	Wetzlar
He	Heilbronn	Rn	Reutlingen	Ze	Zell am Harmersbach

[Nach der Liste von G. Oestreich, in: Gebhardt, Handbuch der deutschen Geschichte. Bd. 2.Stuttgart 1970, 109]

status zwischen Reichs- und Landstädten anzusiedeln. Erfolg hatten
sie damit nicht.

Überhaupt ist wichtig, daß sich der mit „frühmoderne Staatsbildung" bezeichnete Umschwung für die Städte zuerst begrifflich-
theoretisch in einer veränderten Bestimmung und Legitimation von
politischer Herrschaft und gesellschaftlicher Ordnung ankündigte:
Seit dem ausgehenden Mittelalter verfolgten die an Verdichtung
und Straffung ihrer Herrschaft interessierten Stadt- und Landesherren eine neuartige Argumentationsstrategie, nämlich die Vorstellung einer einheitlichen Landeshoheit anstelle des traditionellen
Denkbildes einer Landesherrschaft, die sich additiv aus erworbenen
und entsprechend nachzuweisenden Einzelrechten zusammensetzte.
Dahinter stand die Wiederbelebung des Römischen Rechtes. Diese
setzte zwar zuerst in den Städten ein, so daß sich deren innere Organisation und äußere Absicherung zunächst weiter festigten. Berühmt
sind die Stadtrechtsreformen in Frankfurt am Main und insbesondere in Freiburg, die der angesehene Jurist und Professor Ulrich
Zasius abfaßte. Im weiteren Verlauf, und zwar beschleunigt im
16. Jahrhundert, ergab sich aus der Rezeption des Römischen Kai-
serrechtes aber eine eindeutige Verbesserung der landesherrlichen
Position, und zwar auch und gerade den Städten gegenüber. Mit der
Souveränitätslehre Jean Bodins, die selbst in den kleineren deutschen Territorien wo nicht theoretisch-begrifflich, so doch der Sache nach rezipiert und gegenüber den Städten politisch eingesetzt
wurde, gewann dieser Prozeß die entscheidende rechtlich-theoreti-
sche wie machtpolitische Durchschlagskraft. Denn damit war ein
Prinzip und ein politisch-organisatorisches Denkmodell gewonnen,
das die Ansprüche des Staates in dem Maße unangreifbar machte
und dynamisierte, in dem es der traditionellen Argumentation der
Untergewalten den Boden entzog: Die von städtischen Juristen ins
Feld geführten *jura acquisita* verloren gegenüber der neuen System-
logik rasch an Plausibilität. Der souveräne Staat konnte keine „Göt-
ter neben sich dulden", er war ganz, oder er war gar nicht. Eigenständige, nicht abgeleitete Herrschaft war mit diesem Prinzip unver-
einbar, vor allem in Form der autonomen oder semi-autonomen
„Punktherrschaften" (HEINZ STOOB) von Städten, die die Flächen-
herrschaft des Staates gleichsam durchlöcherten. Sie waren zu besei-
tigen, weil anders frühmoderner Staat gar nicht sein konnte.

Unter dem Souveränitätsprinzip gab es nur noch delegierte, also
vom Träger der höchsten Staatsgewalt übertragene und jederzeit wi-
derrufbare „Unter-Gewalt". Träger dieser Gewalt und der davon ab-

(Marginalien:) Neue juristische Argumentationsmuster — Wiederbelebung des Römischen Rechtes — Die Souveränitätslehre — Die Konsequenzen für die „Nicht-Reichsstädte" — Unterordnung unter eine höchste Staatsgewalt

hängigen Regierungs- und Verwaltungskompetenz war die frühmoderne Bürokratie, die sich zeitlich parallel zum Souveränitätsprinzip herausbildete. Das waren herrschaftliche Amtsträger des Souveräns und nicht mehr Vertreter einer genossenschaftlich, vom Bürgerverband legitimierten autochthonen Politik-Elite wie die Ratsgremien der traditionellen städtischen Selbstverwaltung. Das Souveränitätsprinzip zwang alle öffentlichen, ja selbst die privaten Bereiche städtisch-bürgerlichen Lebens unter die Verfügungsgewalt des zentralistisch-bürokratisch organisierten Staates – die Wirtschaft und die Finanzen, das Recht und die Gerichtsbarkeit, das städtische Militärwesen und die Stadtkirche ebenso wie die Sozial-, Armen- und Altenfürsorge, die Gesetzgebung und Verordnungstätigkeit, die Bildungs-, Ehe- und Familienpolitik etc. Alles sollte und mußte im Prinzip der reglementierenden und alte Sonderrechte nivellierenden Verfügungsgewalt des frühmodernen Staates unterstehen.

Differenzierte politische, gesellschaftliche und wirtschaftliche Realität

Für ein sachgerechtes Bild ist es nun allerdings unerläßlich, den theorie- und rechtsgeschichtlichen Zusammenhang auf der einen und die politische, gesellschaftliche und wirtschaftliche Realität auf der anderen Seite genauestens auseinanderzuhalten. Der Plausibilität der staatlichen Ansprüche hatten die Städte zwar rechtlich und theoretisch nichts Adäquates entgegenzusetzen; sie waren daher längerfristig zweifellos die Unterlegenen. Bei den meisten der mittleren und großen Autonomiestädte reichten jedoch Wirtschafts- und Finanzkraft sowie die machtpolitischen Ressourcen noch auf Generationen hin aus, der Realisierung der staatlichen Ansprüche einen Riegel vorzuschieben. In dieser Perspektive geht es nicht an, die Niederlage der Städtefreiheit bereits mit der Reformation anzusetzen. Für das 16. Jahrhundert ist vielmehr in vielen Teilen des Reiches, vor allem in den Zonen der Autonomiestädte, davon auszugehen, daß sich häufig in spannungsreicher Gleichzeitigkeit sowohl die Position der Städte als auch diejenige der Fürsten und ihrer Territorialstaaten festigte. Das war nicht zuletzt eine Folge der Reformation, die im Süden wie im Norden als städtische Bürger- oder Gemeindereformation zum Sieg gelangte, und zwar nicht selten gegen den Willen der Landes- und Stadtherren. Dadurch wurde das Selbstbewußtsein der Bürger noch einmal gefestigt. Hinzu kam der Aufbau unabhängiger, vom Stadtrat – teilweise unter Beteiligung der Bürgerschaft – regierter und verwalteter protestantischer Stadtkirchen, die die städtisch-bürgerliche Selbstverwaltung ausdehnten und damit die städtische Unabhängigkeit gegenüber dem Territorium nochmals festigten.

Im 16. Jahrhundert bleibt die Position der Städte stark

Der Umschwung bahnte sich realpolitisch seit dem ausgehenden 16. Jahrhundert an, als der machtpolitische Druck auf die Städte wuchs. Einfallstor waren nicht selten die kirchlichen Rechte, die das Cuius-regio-eius-religio-Prinzip des Augsburger Religionsfriedens den Fürsten in ihrem Herrschaftsgebiet zugesprochen hatten, also auch innerhalb der Städte. In der Langzeitwirkung spielte demnach die Reformation durchaus eine Rolle. Die entscheidende Zäsur in der komplexen Beziehungsgeschichte zwischen Stadt und Territorialstaat brachte dann aber der Dreißigjährige Krieg. Denn er schwächte die Wirtschafts- und Finanzkraft der Städte entscheidend, vor allem der kleineren und mittleren, aber auch mancher der großen. Gleichzeitig gab er den Landesherren über die necessitas-Notstandssituation erstmals die realen Finanz- und Machtmittel (Steuererhebung, stehendes Heer) an die Hand, ihren Souveränitätsanspruch gegenüber den Städten tatsächlich durchzusetzen. Im Anschluß an den Krieg sind dann auch nacheinander die letzten großen Bastionen städtischer Unabhängigkeit gefallen, von Magdeburg, das nach dem Aderlaß der schweren Belagerung zu schwach war, sich gegen die Unterordnung unter den neuen brandenburgischen Stadtherrn zu wehren, über Münster (1660/61) und Erfurt (1664) bis hin zur spektakulären Einnahme der einst unbeugsamen Freistadt Braunschweig durch die Welfen (1671). Die Landesherren waren mit geballter politischer und militärischer Macht aufgetreten. Der Bischof von Münster, Christoph Bernhard von Galen, verdiente sich den Beinamen „Bombenbernd", weil er seine eigene Hauptstadt mit Kanonenkugeln bombardieren ließ. An der Belagerung Erfurts waren u. a. französische Bündnistruppen beteiligt – damit bekam die Stadt zu spüren, welch zusätzlicher Gewinn dem Mainzer Landesherrn auch innerterritorial durch das soeben, nämlich 1648, erworbene Bündnisrecht der Reichsstände zugewachsen war. Mit dem Verschwinden der letzten großen Autonomiestädte waren im letzten Drittel des 17. Jahrhunderts die rechtlich-theoretischen Entwürfe des frühmodernen, souveränen Flächenstaates realpolitisch weitgehend eingelöst. Zwar gab es auch danach noch die eine oder andere Stadt, die innerhalb eines meist kleinen oder schwachen Territoriums bis zum Ende des Alten Reiches eine an die Autonomiestädte der werdenden Neuzeit erinnernde Selbständigkeit behaupten konnte – etwa Emden (bis 1744), Lemgo, Rostock (bis 1788). Das waren aber besonders gelagerte Ausnahmen, die für das deutsche Städtewesen der späteren Frühen Neuzeit nicht mehr prägend waren. OTTO VON GIERKE spricht in diesem Zusammenhang

Fürstliche Kirchenhoheit und Integration der Städte

Der 30jährige Krieg als Wendepunkt

Die Eroberung der letzten Autonomiestädte

Anachronistische Ausnahmen

zu Recht von der „Anomalie" einiger weniger norddeutscher
Städte, „welche dieser Theorie zum Trotz bis über das 17. Jahrhundert hinaus auch unter der Landeshoheit die Stellung selbständiger
politischer Körper wahrten" [Das deutsche Genossenschaftsrecht,
Bd. 1, 706].

Territorialer Druck auf Reichsstädte   Die territoriale Staatsbildung wirkte sich auch auf eine Reihe
von Reichsstädten aus, etwa auf Reutlingen und Esslingen, die
schweren Schikanen von Württemberg ausgesetzt waren, oder auf
Aachen, wo die Herzöge von Jülich ältere Vogteirechte auszubauen
suchten, ähnlich auch in Goslar, Konstanz und Regensburg. Tatsächlich unterworfen wurden aber nur wenige, nämlich Konstanz
durch die Habsburger, Donauwörth durch die Wittelsbacher, und
zwar beide durch Reichsexekution wegen konfessioneller Konflikte,
und Straßburg durch den französischen „Nationalstaat".

Neue Chancen für Städte und das Bürgertum   Allgemein gilt, daß die Landesherren mehr oder weniger massi-
ven Druck ausübten – von rechtlichen, politischen oder wirtschaftli-
chen Maßnahmen bis hin zu offener militärischer Gewalt. Als Niederlage oder gar Verfall des Städtewesens ist die Integration in den
modernen Staat aber trotzdem nicht zu bewerten. Denn zum einen
sicherte die Rechtsgarantie des Reichsrechtes gerade den deutschen
Städten auch innerhalb der Territorien in einem Umfang traditionelle Rechts- und Verfassungsstrukturen wie kaum in einem anderen europäischen Land der Frühen Neuzeit. Und zum anderen eröffneten sich auch und gerade unter den neuen Bedingungen des
Territorialismus für Stadt und Bürgertum bedeutende Chancen,
wenn auch nicht unbedingt für dieselben Gruppen und Schichten,
die von der Stadtautonomie profitiert hatten. Am Beispiel des Wirtschaftsbürgertums in Braunschweig, Lüneburg und Göttingen, das
die Chancen des territorialen Wirtschaftsraumes zu nutzen wußte,
hat man von einem „gewollten Weg in Richtung ‚Untertan'" gesprochen [MÖRKE, in: 323: Schilling/Diederiks, Eliten, 111–133].
Selbst für Straßburg gilt, daß die ökonomischen Erfolge die deutsche Kaufmannschaft rasch über den Verlust der politischen Freiheit hinwegtrösteten. Hinzu kommt der längerfristig unverkennbare
Zugewinn durch den für die deutschen Klein- und Mittelterritorien
typischen Fürsorgestaat, der auch und gerade in den Städten das
Die Förderung des „gemeinen Besten"   „gemeine Beste" förderte, d. h. das Schul- und Bildungswesen, die
Kultur allgemein – man denke nur an die thüringischen Städte Wei-
mar, Jena, Gotha –, die Sozialfürsorge, die Sicherung der Lebens-
mittelversorgung, die Regulierung von Löhnen und Preisen, den
Ausbau des Verkehrs, die Verbreitung von Hygiene und medizini-

scher Betreuung etc. Auch die Toleranz, das konstitutive Element der modernen Bürgerkultur, fand meistens aufgrund staatlicher Verordnungen Eingang in die stadtbürgerlichen Gesellschaften.
Daß all dies anders als etwa in den Niederlanden und der angelsächsischen Welt auf bürokratisch-administrativem Wege geschah, hatte seinen Preis. In Deutschland konnten sich „Stadtrepublikanismus" und „Kommunalismus" (zu den Begriffen vgl. II, 3 d) des alteuropäischen Staatsbürgertums nicht auf breiter Front zum modernen Bürgergeist fortentwickeln, das heißt zum umfassenden, autochthonen Verantwortungsbewußtsein des Staatsbürgers für das öffentliche Wohl, wie im Falle des angelsächsischen Commitments als originäre Selbstverpflichtung des Bürgers im Gegensatz zu der durch die intermittierende staatliche Gewalt „verordnete" Verpflichtung des Stadtbürgers in den frühneuzeitlichen Territorien des Reiches. Innerhalb des etatistischen Rahmens hatte aber auch das deutsche Bürgertum der Frühen Neuzeit durchaus Mitwirkungsmöglichkeiten – als Bildungsbürger und Beamte allemal, aber auch in der Wirtschaft, wo in Allianz mit dem Staat innerhalb und außerhalb der Städte ein proto-moderner Kaufmanns- und Unternehmertypus heranwuchs.

Die Kosten für die politische Kultur des Bürgertums

Sogar die städtische Selbstverwaltung wurde durch den frühmodernen Staat keineswegs ausgelöscht. Sie wurde uminterpretiert und angepaßt. Wo die Stände erhalten blieben, trugen die Städte die frühmoderne Territorialstaatswerdung politisch direkt mit. Die traditionelle Ratsverfassung wurde nicht abgeschafft, sondern dem neuen, territorialen Regierungs- und Verwaltungssystem eingefügt. Realgeschichtlich bedeutete das keineswegs immer die Reduktion zu einer Unterbehörde, die rigide an das Zentrum gebunden war. Vor allem für Städte in kleinen oder mittleren Territorien war vielmehr das Modell der „beauftragten Selbstverwaltung" typisch, das an die Stelle der „autonomen Selbstverwaltung" der vorstaatlichen Zeit trat. Verfassungsrechtlich-systematisch gesehen, war das ein qualitativer Bruch, insofern die städtische Genossenschaft oder Gemeinde nicht mehr autonom war, sondern dem Landesherrn als Inhaber der neudefinierten höchsten und einheitlichen Staatsgewalt unterstand. Ihre Kompetenzen waren somit nicht autochthon, sondern abgeleitet. Die Stadt war nicht mehr primärer Träger des Gemeinwohls und von Politik generell, und damit war auch ein grundlegender Wandel in der politischen Kultur eingetreten (vgl. II, 3 d). In der alltäglichen und sozialen Realität nahmen sich die Gegensätze aber weit weniger schroff aus. Eine „Verstaatlichung" der

Politisches Mitspracherecht im Territorium

Übergang von „autonomer zur beauftragten Selbstverwaltung"

Die Stellung von Stadt und städtischen Amtsträgern im alteuropäischen Territorialismus

Stadtgemeinde, wie sie das absolutistische Preußen durch seine Steuerräte und Standortkommandanten durchsetzte, war eher die Ausnahme. Auch der alteuropäische Territorialismus baute sich faktisch von unten her auf, und die landschaftlichen oder lokalen Eliten in den Ländern und Städten bildeten ein Eigen-, bisweilen auch ein Gegengewicht gegen die Kräfte und Tendenzen der Zentrale. Ebensowenig wie die ältere französische Beamtenschaft waren die deutschen Stadtmagistrate und Ratsherren des 17. und 18. Jahrhunderts „ausschließlich Willensträger der Krone" (DIETRICH GERHARD).

Änderungen im Innern der Städte

Die im späten Mittelalter einsetzende Verdichtung der Staatlichkeit und die daran anschließende frühmoderne Staatsbildung unter dem Souveränitätsprinzip berührten noch in einer weiteren Hinsicht die innerstädtischen Verhältnisse vital. Die Herausbildung der neuen Vorstellungen von öffentlicher Gewalt blieb nicht auf die Territorien beschränkt, sondern erfaßte auch die Städte selbst. Bereits spätmittelalterliche Ratsgremien nahmen für sich in Anspruch,

Obrigkeitsanspruch der Räte

„Obrigkeit" zu sein, wie etwa der Ulmer Rat, der Mitte des 15. Jahrhunderts sich als „Obrigkeit" definiert, die „ir underthon und den gemeinen manne ... zu regieren" habe [187: NAUJOKS, Obrigkeitsgedanke, 15]. Diese Entwicklung setzte sich im 16. Jahrhundert beschleunigt fort, wobei der Reformation eine ambivalente Rolle zufiel – nämlich einerseits verzögernd durch die Betonung des Gemeindegedankens während der Durchbruchsphase, andererseits und längerfristig dominant verstärkend aufgrund der lutherischen Obrigkeitslehre. Von dieser Verobrigkeitlichung der innerstädtischen Politik- und Gesellschaftsordnung waren zunächst Reichswie „Nicht-Reichsstädte" betroffen. Den weiteren Schritt, die Über-

Gottesgnadentum in den Reichsstädten

nahme der neuen Souveränitätslehre und die Reklamation eines formellen Dei-gratia-Status, vollzogen jedoch nur reichsstädtische Magistrate. Denn in den Landstädten wurde diese Linie mit der Integration ins Territorium und der Unterstellung unter die Fürstensouveränität abgebrochen.

Gemeindlich-bürgerliche Gegenbewegungen

Neben den sozialen und religiösen Spannungen war es dieser neuartige politische Anspruch der Ratsgremien, der die Welle von innerstädtischen Unruhen des 15. und 16. Jahrhunderts auslöste. Denn der Obrigkeitsanspruch verstieß elementar gegen das genossenschaftlich-kommunale Ordnungsmodell, dem die mittelalterlichen Städte verpflichtet waren und das nun die Bürgergemeinde gegen den Rat ins Feld führte. Innerhalb der Städte tat sich ein ähnlich spannungsreicher Dualismus auf wie im Territorium zwischen der monarchischen Gewalt und den Ständen. Die Spannung zwischen Stadtrat und Bürgergemeinde war eher noch brisanter, weil das gemeindlich-genossenschaftliche Prinzip in den Städten stärker ausgeprägt war und weil die von den neuen Ordnungsvorstellungen provozierten Gegensätze den kleinräumigen Alltag stärker belasteten. Hinzu kam, daß um 1500 die bürokratisch-administrative Kapazität der städtischen Magistrate weit größer und differenzierter war als in vielen Territorien und damit auch die Gefahr einer realen Durchsetzung der obrigkeitlichen Ansprüche.

Während die hierauf basierenden politischen Unruhen in den Landstädten des 17. Jahrhunderts rasch abnahmen, wurde in den Reichsstädten bis ins 18. Jahrhundert hinein heftig gerungen – „de statu huius reipublicae, an sit aristocraticus, an democraticus". Die Lösung lag allgemein auf der in Hamburg 1712 grundgesetzmäßig fixierten Linie, derzufolge die höchste Gewalt, also die Souveränität, „inseperabili nexu conjunctim und zusammen" beim Rat und der erbgesessenen Bürgerschaft lag. Dieser Ausgleich wurde mit Hilfe kaiserlicher Kommissare und in enger Rückkopplung an die Reichspolitik und das frühneuzeitliche Reichsverfassungsrecht gefunden – auch dies, wie bereits erwähnt, eine Folge der frühmodernen Formierung des Reiches. Um 1800 stand für die Reichsjuristen fest, daß „Landeshoheit und Reichsstandschaft einem Reichsstädtischen Magistrat auch in einer Aristokratischen Verfassung nicht als eigenes Recht zustehe, sondern vielmehr auf der ganzen Gemeinheit und Bürgerschaft haftet" [Zitate nachgewiesen bei 198: SCHILLING, Republikanismus, 117, 119f.].

Das innerstädtische Verfassungsproblem und seine Lösung

II. Grundprobleme und Tendenzen der Forschung

1. Ein Paradigmawechsel in der Erforschung von Stadt und Bürgertum in der Frühen Neuzeit

Die deutsche Stadtgeschichtsforschung des 19. und der ersten Hälfte des 20. Jahrhunderts hat die eingangs charakterisierte Sicht der Zeitgenossen übernommen, ja verfestigt und wissenschaftlich untermauert. Soweit sie Haus-, Hof- und Staatshistoriographie der Dynastien und Territorien war, kümmerte sie sich um die kleinen und mittleren Städte und ihr Bürgertum kaum. Die großen, die Hauptstädte und die Gewerbezentren, verrechnete sie nicht als Leistung des Bürgertums, sondern behandelte sie als Objekte staatlich-dynastischen Handelns, und zwar nicht selten in ambivalenter Beleuchtung zwischen Bewunderung und Furcht, nämlich vor dem Unberechenbaren einer Gegenwelt. [*Die Haus-, Hof- und Staatshistoriographie*]

Anders verhielt es sich mit der bürgerlich-liberalen Geschichtswissenschaft des 19. Jahrhunderts, die sich gerade der Geschichte von Stadt und Bürgertum zuwandte, nicht zuletzt, um dadurch für die eigene Gegenwart gesellschaftliche Stellung und politische Ziele des Bürgertums zu bestimmen. Daraus resultierten große historiographische und quelleneditorische Leistungen; Impulse für die Erforschung oder gar Neubewertung der frühneuzeitlichen Stadt ergaben sich aber nicht. Es war ganz und gar die Geschichte der *mittelalterlichen* Stadt und des *mittelalterlichen* Bürgertums, die den Bürger-Historikern als Vorbild galt. Hier sahen sie vieles an politischer Partizipation des Bürgertums, an rechtlicher und institutioneller Sicherheit und wirtschaftlichem Entfaltungsspielraum vorgebildet, dessen Verwirklichung oder „Wiederbelebung" sie in der eigenen Zeit herbeisehnten [204: SCHREINER, Kommunebewegung, 167]. Das war einer historisch angemessenen Erfassung der mittelalterlichen Stadt keineswegs nur förderlich. Für die frühneuzeitliche Stadt war die Perspektive geradezu fatal: Sofern man sich überhaupt für sie interessierte, zeichnete man ein düsteres Bild des Niedergangs – der Städtefreiheit, der städtischen Wirtschaft, des Bürgergeistes und [*Die bürgerlich liberale Stadtgeschichte des 19. Jahrhunderts*] [*Negatives Bild von der frühneuzeitlichen Stadt*] selbst der bürgerlichen Kultur. Als Verursacher identifizierte man den frühmodernen Staat, der die städtische Autonomie und den bürgerlichen Handlungsspielraum rücksichtslos beschnitten habe, ein legitimer Vorläufer des ungeliebten Restaurationsstaates der eigenen Zeit.

Dominanz der Rechts- und Verfassungsgeschichte

Neben den gegenwartspolitischen Interessen war es vor allem die Dominanz der Rechts- und Verfassungsgeschichte, die diese Sicht befestigte. Denn Wirtschafts- und Sozialhistoriker wie Karl Bücher, Karl Lamprecht, Henri Pirenne und Werner Sombart widersprachen dieser Mittelalterbegeisterung bereits früh [61: SCHORN-SCHÜTTE, Stadt, 240]. Vor allem Sombart sah in der mittelalterlichen Stadt gerade nicht eine verfrühte, später dann vom Frost des Absolutismus zerstörte Keimzelle des modern-bürgerlichen Modells eines Verfassungsstaates. In dieser Sicht war die mittelalterliche Stadt ein integrierter Teil des vormodernen, agrarisch-feudalen Systems und konnte demzufolge in keiner Weise verfassungspolitisch Leitbild für die moderne industrielle Gesellschaft und das moderne Wirtschaftsbürgertum sein. Die darin implizierten stadt- und bürgergeschichtlichen Neuansätze konnten jedoch so lange nicht zum Tragen kommen, wie Rechts- und Verfassungshistoriker den Ton angaben, von Hans Delbrück über Georg von Below und Otto von Gierke bis hin zu Hugo Preuß, einem der Väter der Weimarer Verfassung, der Stadtgeschichte schrieb, um „den Aufbau der deutschen Reichsverfassung in demokratischem Geist voranzubringen" [50: PREUSS, Entwicklung, 5], was für ihn nur heißen konnte, über die macht- und fürstenstaatliche Überfremdung des deutschen Städtewesens in der Frühen Neuzeit zurückzuverweisen auf die angeblich protoverfassungsstaatliche Gestalt der mittelalterlichen Stadt [ebd.].

Stadtgeschichte in gegenwartspolitischer Absicht

Die in Deutschland traditionell hoch organisierte Sektoralwissenschaft der Stadtgeschichte konnte auch unter solch ungünstigen Prämissen durchaus beachtliche Einzelstudien zur Frühen Neuzeit erarbeiten. Ein grundsätzlicher Neuansatz mußte aber aus der allgemeinen Geschichtswissenschaft kommen. Denn die historiographische Sackgasse, in die die Erforschung der frühneuzeitlichen Stadt in Deutschland durch die erkenntnisleitenden Interessen des 19. Jahrhunderts sowie den Primat der Rechts- und Verfassungsgeschichte geraten war, konnte erst überwunden werden, als nach dem Zweiten Weltkrieg die deutsche Geschichtswissenschaft theoretisch und sachlich auf neue Grundlagen gestellt wurde. Unter den hierfür verantwortlichen Faktoren waren für die neuen stadtgeschichtlichen

Historiographische Neuansätze nach dem Zweiten Weltkrieg

Perspektiven vor allem zwei Ansätze bestimmend – *erstens* die radikale Historisierung der älteren Historiographie, vor allem der bürgerlich-liberalen Rechts- und Verfassungsgeschichte, und *zweitens* die umfassende sachlich-thematische Ausweitung des Beobachtungshorizontes.

Die Historisierung, und damit die Relativierung des für die frühneuzeitliche Stadt so negativen Urteils des 19. Jahrhunderts, bahnte sich zuerst und am nachhaltigsten auf dem Feld der Rechts- und Verfassungsgeschichte selbst an, und zwar dadurch, daß ihr Kernobjekt, nämlich der Staat, historisiert wurde. Der moderne institutionelle Flächen- und Anstaltsstaat wurde seines normativen Charakters entkleidet. Statt dessen arbeitete man „den spezifischen Charakter der mittelalterlichen Staatlichkeit" heraus und zeigte darüber hinaus auf, „was demgegenüber als ‚nichtstaatlich', ‚unstaatlich' oder ‚vorstaatlich' bezeichnet wird" [O. BRUNNER, Land und Herrschaft, 3. Aufl. 1943, 111 f., vorbereitet durch Theodor Mayer und Heinrich Mitteis. Jüngst aus rechtshistorischer Sicht: J. WEITZEL, Dinggenossenschaft und Recht, Untersuchungen zum Rechtsverständnis im fränkisch-deutschen Mittelalter, 2 Bde., Köln/Wien 1985]. Am radikalsten erscheint die „unstaatliche" Sicht des Mittelalters bei G. ALTHOFF [Verwandte, Freunde und Getreue, Darmstadt 1990]. Vollends überwunden wurde die Orientierung am modernen Staat, als der Jurist ERNST WOLFGANG BÖCKENFÖRDE die Zeitgebundenheit der deutschen Verfassungsgeschichte des 19. Jahrhunderts aufzeigte und bei der historischen Schule seines Faches einen „ungeschichtlichen Historismus" nachwies. [E. W. BÖCKENFÖRDE, Die deutsche verfassungsgeschichtliche Forschung im 19. Jahrhundert, Berlin 1961; DERS., Staat, Gesellschaft, Freiheit, Frankfurt a. M. 1976, 14].

Historisierung der Rechts- und Verfassungsgeschichte

Parallel zu dem Paradigmawechsel in der Rechts- und Verfassungsgeschichte vollzog sich in der allgemeinen Geschichte eine sprunghafte Ausweitung des sachlichen Horizontes. Die bis dahin vorherrschende Politikgeschichte wurde ergänzt um die Demographie, die Sozial- und Wirtschaftsgeschichte, die Mentalitäts-, Religions-, Kirchen-, Bildungs- und Kulturgeschichte, die erneuerte Rechts- und Verfassungsgeschichte sowie – speziell für die Stadtgeschichte fruchtbar – die Topographie, Architektur, die Siedlungs- und Verkehrsgeographie mit entsprechenden kommunikationstheoretischen Fragestellungen. Wichtig ist, daß diese neuen Sachbereiche nicht isoliert als Sonder- oder Teildisziplinen nebeneinander stehen, sondern sich zu integrativ-synthetischen Ansätzen bündeln,

Sachliche Ausweitung der allgemeinen Geschichte

mit dem Ziel eines adäquaten Begreifens vergangener Epochen und Gesellschaftssysteme.

Folgen für die Stadtgeschichte

Der Paradigmawechsel bei der Erforschung der älteren, vormodernen Formen des „Staates" und die allgemeine Ausweitung des sachlichen Interessenspektrums der Geschichtswissenschaft veränderten auch und gerade die Erforschung der deutschen Stadtgeschichte. Es kam zu inhaltlich-sachlichen und zu methodischen Neuansätzen, wobei gerade das Objekt „Stadt" über entsprechende Trends in der Allgemeingeschichte hinaus zur Interdisziplinarität und zur Öffnung für systematisch-theoretische Ansätze und für das

Interdisziplinarität

Modelldenken der Nachbardisziplinen anregte, namentlich vor allem der Geographie, der Kartographie, der Verkehrs- und Kommunikationswissenschaft, aber auch der systematischen Sozialwissenschaft. All das führte zu einer rasch fortschreitenden Aufhebung der Fixierung auf die mittelalterliche Stadt. Gerade die Stadt in der Frühen Neuzeit wurde in den letzten Jahren „in einer Weise untersucht ..., daß – wie zu hoffen ist – endlich eine Brücke zwischen den Arbeitsvorhaben geschlagen werden kann, die sich auf das Mittelalter bzw. auf die industrialisierte Stadt des 19. und 20. Jahrhunderts konzentrierten" [4: EHRBRECHT, Veröffentlichungen, 412].

Die mittelalterliche Stadt als integrierter Teil Alteuropas

Durch den beschriebenen Paradigmawechsel rückte die mittelalterliche Stadt in ein neues Licht. Sie erscheint nicht länger als anachronistischer Punkt-Verfassungsstaat, sondern als Teil der alteuropäischen, vormodernen Gesellschafts- und Herrschaftsordnung, nicht anders als die frühneuzeitliche Stadt. Wenn sich aber in den Städten vor 1500 weder Institutionen des modernen Staates noch eine bürgerliche Freiheit im Sinne des 19. Jahrhunderts ausgebildet hatten, so war auch die anschließende Entwicklung nicht mehr als Verfall der Städte oder Vernichtung „im eigentlichen Kern ihres Wesens" [50: PREUSS, Entwicklung, 6] durch den absolutistischen Staat zu begreifen. Vielmehr eröffneten sich neue, spannende Problem- und Forschungsfelder: Die Geschichte von Stadt und Bürgertum ist zu beschreiben, parallel zu den Wandlungen in der übergreifenden gesellschaftlichen und politischen Organisation, von der spezifischen, „offenen Verfassung" (P. MORAW) des Mittelalters hin zu frühmoderner Staatlichkeit mit ihrer formierten Untertanengesellschaft und der zeittypischen etatistischen Wirtschaftslenkung. Es sind die Verschiebungen zu erfassen, die sich in der Konfiguration zwischen Städten und Landesherren dadurch ergaben, daß sich die mittelalterliche Landesherrschaft zur neuzeitlichen Landeshoheit *(superioritas territorialis)* fortentwickelte, die schließlich das Souve-

ränitätsprinzip für sich in Anspruch nahm und gleichzeitig damit
danach strebte, mit Hilfe einer einheitlichen, nur dem Herrscher
verpflichteten Bürokratie das „Land" zur frühmodernen Territorial-
gesellschaft umzuformen.

Der frühneuzeitliche Wandel in der politischen und sozialen
Lage von Stadt und Bürgertum ließ sich nicht länger als Unterbre-
chung einer zielgerichteten, aufsteigenden Entwicklungslinie inter-
pretieren. Es war vielmehr gesamt- und strukturgeschichtlich einzuordnen in die Veränderungen, die sich im politisch-gesellschaftlichen System insgesamt vollzogen. Die Stadt der Frühen Neuzeit
geriet dadurch in ein neues Koordinatensystem. Ihre Stellung und
vor allem diejenige des frühneuzeitlichen Bürgertums war erneut
bzw. erstmals von historischem Interesse. Gefragt war nicht mehr
ihr direkter Beitrag zur Gegenwart von Staat und Bürgertum des
19./20. Jahrhunderts, sondern der historische Ort, den sie in dem
frühneuzeitlichen Staats- und Gesellschaftssystem einnahm. An die
Stelle der Überwältigungs- und Verfallsgeschichte trat die differenzierte und spannungsreiche Beziehungsgeschichte der frühneuzeitlichen Stadt zum frühmodernen Staat und seiner Territorialgesell-
schaft.

*Die frühneuzeit-
liche Stadt in struk-
turgeschichtlicher
Perspektive*

*Geschichte der Be-
ziehungen zwischen
Stadt und Territo-
rialstaat – statt Ver-
fallsgeschichte*

Die Aufgabe, den historischen Ort von Stadt und Bürgertum in
der Frühen Neuzeit zu bestimmen, war um so notwendiger und brisanter, als mit der skizzierten Abkehr von der anachronistischen
Projizierung des modernen Anstaltsstaates in die Zeit vor 1800 auch
die politischen und gesellschaftlichen Verhältnisse der Frühen Neuzeit in einem neuen Licht erschienen. Nicht der absolutistische Für-
sten- und Gewaltstaat war das „Paradigma", sondern das *Werden*
des frühmodernen Staates, die Staats*bildung,* nicht die vollentfaltete
Staatlichkeit, sondern der *Prozeß* der Verdichtung. Eine neue Bewertung des Reiches – dementsprechend auch der Reichsstädte und
ihrer historisch-politischen Kultur (weniger der Wirtschaft) vollzog
sich ebenso wie eine Neubewertung des territorialen Absolutismus,
mit einer Betonung des „Nichtabsolutistischen im Absolutismus"
(G. OESTREICH). Zu diesen unabsolutistischen Strukturen des Absolutismus zählten neben den ebenfalls neugewichteten „Subsyste-
men" Adel und Kirche auch und gerade die Städte mit ihrer be-
währten oder neugewonnenen partiellen und abgeleiteten Selbstverwaltung.

*Die Städte und das
„Nichtabsolutisti-
sche am Absolutis-
mus"*

Unter dem neuen geschichtswissenschaftlichen Paradigma ist
es (erstmals) möglich, die Wandlungen, denen das deutsche Städtewesen in den drei Jahrhunderten zwischen dem Ende des Mittelal-

ters und der Entstehung der modernen Wirtschaftsgesellschaft ausgesetzt war, frei von dem Klischee eines allgemeinen Verfalls funktional und als integrierten Teil der deutschen Geschichte insgesamt
zu beschreiben. Es ist ein Bündel von zentralen Problemfeldern der
Forschung auszumachen, von denen her sich eine Überblicksskizze
„Stadt und Bürgertum in der Frühen Neuzeit" erarbeiten läßt, ohne
daß diese aber bereits in ähnlicher Weise „ausgereift" und abgesi-
chert sein könnte wie im Falle der mittelalterlichen Stadt. In diesem
Sinne lassen sich eine Reihe von Kardinalproblemen der frühneuzeitlichen Stadtgeschichte identifizieren, unter denen sechs besonders wichtig erscheinen, nämlich *erstens* das Problem der frühneuzeitlichen Urbanisierung; *zweitens* Stadt und ökonomische Wandlungen; *drittens* Stadt und frühmoderne Staatsbildung, und zwar
hinsichtlich der „Außenbeziehungen" wie der innerstädtischen Situation und der politischen Kultur; *viertens* Stadt und Reformation,
Konfessionalisierung, Säkularisierung; *fünftens* Stadt und Bildung,
Stadt und Kultur; *sechstens* die Sozialgeschichte des Bürgertums
zwischen Mittelalter und 19. Jahrhundert, die nur noch partiell mit
der Geschichte der Stadt verbunden ist. Die Literatur zu diesen Problemfeldern ist inzwischen außerordentlich umfangreich, zumal die
erwähnte Einbettung der Stadt in die allgemeine Geschichte zu beachten ist. Angesichts der eigenen EdG-Bände zur Wirtschafts-,
Kultur- und Bürgertumsgeschichte kann und muß unter den im Vor-
wort formulierten Prämissen auf eine explizite Behandlung des
zweiten, fünften und sechsten Forschungsfeldes verzichtet werden.
Die für die allgemeine Stadtgeschichte unerläßlichen Grundzüge
werden bei der Urbanisierungsdiskussion mitbehandelt.

Kardinalprobleme frühneuzeitlicher Städtegeschichte (margin note)

2. Die frühneuzeitliche Urbanisierung

Die Öffnung zur Geographie und Kommunikationswissenschaft
brachte vor allem in der angelsächsischen Stadtgeschichte einen
neuen, integrativen Ansatz hervor – die Urbanisierungsforschung,
verstanden als *„history of the way Europe urbanized"* [97: HOHEN-
BERG/LEES, Making, 3]. Auf der Basis dieses Urbanisierungskonzep-
tes sind jüngst etwa gleichzeitig zwei zusammenfassende Gesamt-
überblicke erschienen, die die europäische Stadtgeschichte zwischen
1500 und 1800 bzw. zwischen 1000 und 1950 als einheitlichen Prozeß der Urbanisierung beschreiben [140: DE VRIES, Urbanization;
97: HOHENBERG/LEES, Making]. Demgegenüber arbeitet die deut-

Das angelsächsi-sche Konzept der Urbanisierung (margin note)

sche Geschichtswissenchaft nahezu ausschließlich mit einem zeitlich
und sachlich eng definierten Konzept von Urbanisierung „als Teil-
prozeß der allgemeinen Modernisierung, [...] der nach einer zu
Ende des 18. Jahrhunderts einsetzenden Vorbereitungsphase erst
mit der rasanten Umformierung des deutschen Städtewesens seit der   Das Urbanisie-
Mitte des 19. Jahrhunderts" einsetzt [125: REULECKE, Urbanisie-   rungskonzept der
rung, 7 u. 9; entsprechend H. J. TEUTEBERG (Hrsg.), Urbanisierung   deutschen Städte-
im 19. und 20. Jahrhundert, Köln 1983]. Ohne die Vorteile dieser en- forschung
gen Definition für die neueste Stadtgeschichte zu bestreiten, ist fest-
zuhalten, daß dies letztlich die Perspektive einer verkürzenden, weil
auf die moderne Welt des 19./20. Jahrhunderts kaprizierten Gesellschaftsgeschichte ist. Allerdings gelingt ihrem Protagonisten HANS-
ULRICH WEHLER als „Weberianer" gerade bei der Analyse der
„okzidentalen Stadt" eine epochenübergreifende, unversalhistori-
sche Perspektive, unter der er den mittelalterlichen Urbanisierungsschub markant zu skizzieren weiß und auch noch den frühneuzeitlichen Städten „ihrer Funktion nach ... eine revolutionäre Rolle"
zusprechen kann. Letzteres gelte aber nur bis ins späte 17. Jahrhundert. Danach wurde die deutsche Stadt „von den Folgen der fürstli-
chen Staatsbildung und des Stadt-Land-Unterschiede souverän miß-
achtenden Kapitalismus in den Schatten gestellt, bis die neue industrielle Urbanisierungsphase seit der zweiten Hälfte des 19. Jahrhunderts eine weitere Umwälzung der Lebensverhältnisse ausdrückte".
(H.-U. WEHLER, Deutsche Gesellschaftsgeschichte, Bd. I, München
1989, 177–180).

Obgleich die deutschen Städte in den Urbanisierungsgeschich-   Die Anwendung
ten von de Vries und Hohenberg/Lees nur als Teil des gesamteuro-   des angelsächsi-
päischen Urbanisierungsgeschehens behandelt werden, sind beide   schen Konzeptes
Bücher auch für die deutsche Geschichte wichtig, und zwar hauptsächlich in dreifacher Hinsicht: *Erstens* als Herausforderung, Stadtgeschichte nicht als Spezial- oder Teilgebiet zu betreiben, sondern
als integrale Gesamtgeschichte und damit die „Schranken zwischen
Stadtgeschichte und allgemeiner Geschichte" zu öffnen [A. HAVER-
KAMP, in: R. ELZE (Hrsg.), Stadtadel und Bürgertum, Berlin 1991,
126]. *Zweitens* durch die Vorstellung eines langfristig angelegten, historisch differenzierten Prozesses europäischer Verstädterung und
„Verbürgerlichung", die die Engführung der deutschen Urbanisierungsforschung auf das 19. und 20. Jahrhundert überwindet. *Drit-
tens* schließlich durch die Dreidimensionalität des Konzeptes, das   Die drei Dimen-
„something more than urban growth or demographic urbanization"   sionen der Urbani-
impliziert [140: DE VRIES, Urbanization, 11]. Es behandelt Urbanisie-   sierung

rung als *demographischen* Prozeß, der zu einer Verlagerung der Bevölkerung vom Land in die Städte und dadurch zum Wachstum
letzterer führt; als *„behavioural urbanization"*, das heißt als Ausbreitung urbanen Verhaltens, Empfindens, Denkens und Tuns der Menschen, egal, ob sie in Städten leben oder nicht; schließlich als
„structural urbanization", die mit der demographischen eng verbunden ist, den Akzent aber nicht auf die Konzentration von Menschen
legt, sondern auf die Konzentration von Aktivitäten und Funktionen an zentralen Orten [140: Urbanization, 12] sowie auf das überregionale, ja transkontinentale Städtenetz, über das Waren und In-
formationen ausgetauscht und Einflüsse ausgeübt werden. Unter
den genannten Prämissen läßt sich für einzelne historische Epochen, also auch für die Frühe Neuzeit, eine spezifische Urbanisierungsphase ansetzen, „die ihre besondere demographische, verhal-
tensmäßige und strukturelle Dimension" hatte [140: DE VRIES, Urbanization, 13, Übersetzung H. Sch.].

DE VRIES und
HOHENBERG/LEES

Während DE VRIES im wesentlichen anhand von aggregierten
Datensätzen die demographische Dimension der europäischen Urbanisierung behandelt, befassen sich HOHENBERG/LEES auch und gerade mit den anderen Faktoren der Urbanisierung. Diese ordnen sie
zwei originären Regelsystemen zu, nämlich „Politik und Staat" sowie „Kultur und Bildung". Dadurch gelingt es, die Geschichte einzelner Städte in ihrem historischen Auf und Ab überzeugend zusam-
menzubringen mit „einer Analyse des großen dabei wirksamen Prozesses und der Beziehungen, die sich zwischen Stadt und Land, zwischen Stadt und Stadt sowie zwischen Städten und den sie umge-
benden großen politischen Einheiten entwickelten" [97: HOHEN-
BERG/LEES, 3, Übersetzung, H. Sch.].

Bedingungen der
Urbanisierung in
Deutschland

Die dreidimensionale Definition von Urbanisierung – demographisch, struktural, im Verhalten bzw. nach den Regelsystemen
„Demographie", „Staat und Politik", „Kultur und Bildung" –
kommt den Verhältnissen im frühneuzeitlichen Deutschland besonders entgegen und ist daher vorzüglich geeignet, vor dem europäischen Hintergrund die spezifischen Strukturen und Entwicklungs-
bedingungen der deutschen Stadt zwischen 1500 und 1800 zu mar-
kieren. Die deutsche Stadtgeschichte gerade dieser Epoche läßt sich
als „demographische Urbanisierung" nicht hinreichend beschreiben. Entscheidend war die „strukturelle Urbanisierung", die Konzentration von städtisch-bürgerlichen Aktivitäten und Funktionen,
die sich im Reich in Dutzenden von Mittel-, ja Kleinstädten vollzog
und nicht im Banne demographischer Verdichtung in *einem* Urbani-

sierungszentrum wie in England, Frankreich oder selbst in den Niederlanden mit ihrer „Randstad-Agglomeration" von Amsterdam bis Utrecht, Den Haag und Rotterdam. Und vor allem – in der inhaltlich weitgespannten Perspektive der angelsächsischen Urbanisierungsforschung sind die städtepolitischen Aktivitäten der deutschen Territorialstaaten nicht mehr zwangsläufig disfunktional und zerstörerisch. Vielmehr erscheinen sie im europäischen Vergleich als die für Deutschland spezifischen Impulse, die neben den auch hier, und zwar vor allem in den wenigen großen unabhängigen Gewerbe- und Handelszentren, wirksamen allgemeinen urbanistischen Kräften, einen Gutteil der frühneuzeitlichen Urbanisierung trugen. Im früh- *Die dominante* neuzeitlichen Deutschland war es die Verdichtung und Formierung *Rolle des Staates* der frühmodernen Staatlichkeit in einer Vielzahl von Territorien, die das Schicksal der Städte und des Bürgertums bestimmten, also das staatlich-politische, nicht das demographische Regelsystem der europäischen Urbanisierung. Vor allem bei vielen Residenz- sowie bei nahezu allen frühneuzeitlichen Universitätsstädten ist unübersehbar, daß sie eine strukturelle bzw. kulturelle Urbanisierung erlebten, ohne bevölkerungsmäßig auch nur zu wirklichen Mittelstädten zu werden, für die demographische Urbanisierung also kaum in Anspruch genommen werden kann.

Unabhängig von der angelsächsischen Urbanisierungsdebatte hat der französische Deutschlandhistoriker Etienne François in einem richtungweisenden Aufsatz den frühneuzeitlichen Wandel im Städtewesen des Reiches in ähnlicher Weise typologisch charakterisiert. Er beschreibt die Umstellung von einem Städtewesen, das durch große, unabhängige Handelsrepubliken *(républiques marchandes)* geprägt war, auf ein solches, in dem die Residenz- und Hauptstädte *(capitales politiques)* die Leitfunktion übernommen hatte. Dieser neue Leittypus im deutschen Städtewesen überformte die frühneuzeitliche Bürgerwelt, aber er ersetzte auch neue urbane Entwicklungsimpulse [26: FRANÇOIS, Républiques]. Es sei, so faßt er seine *ETIENNE FRANÇOIS:* statistisch untermauerten Beobachtungen zusammen, „frappant zu *Frühneuzeitlicher* sehen, wie die Hauptstädte nach 1650 als privilegierte Orte der wirt- *Wandel in der* schaftlichen, sozialen und kulturellen Innovation an die Stelle der *Städtehierarchie* Frei- und großen Handelsstädte treten. [...] Im Laufe des 18. Jahrhunderts erreichten die Residenzstädte dieselbe Bedeutung wie die großen Messestädte, und am Ende des Jahrhunderts hatte auch der Handel von Berlin oder Wien denjenigen von Frankfurt am Main oder Leipzig eingeholt" [26: Républiques, 602, Übersetzung H. Sch.]. Mit dem Wechsel im Leittypus der deutschen Stadt seien tiefgreifende Veränderungen in der dominierenden Architektur (von der bürgerlichen Renaissance zum höfisch-adligen Barock), in der Malerei und der Musik sowie im Geistesleben allgemein zum Tragen gekommen – hatte man für den Erfolg der Reformation „die

Die Rolle der Residenz- und Hauptstädte Freistädte die entscheidende Rolle spielen gesehen", so war es „demgegenüber vor allem in den Residenzstädten", wo in der zweiten Hälfte des 18. Jahrhunderts die Aufklärung triumphierte [26: Républiques, 603]. – Verbunden mit diesem Wechsel in der städtischen Hierarchie war der Aufbau der frühneuzeitlichen territorialen Städtenetze, in denen auch und gerade die kleinen und Kleinststädte, die bislang für die Urbanisierung kaum eine Rolle gespielt hatten, wichtige Funktionen übernahmen. Während die angelsächsische Stadtgeschichte solchen Netzen von „small towns" seit längerem Aufmerksamkeit widmet, sind sie für Deutschland erstaunlicherweise noch kaum erforscht [91: GRÄF, Impact; 92: GRÄF, Kleinstädte; mit anderem Ansatz 134: SCHULTZ, Kleinstädte].

Einen wirtschaftsgeschichtlichen Fundamentalprozeß von gleicher Durchschlagskraft wie den Aufstieg der Haupt- und Residenz-

Stadt und Proto-Industrialisierung städte erfaßt PETER KRIEDTE mit „Die Stadt im Prozeß der europäischen Proto-Industrialisierung" [112: Proto-Industrialisierung]. In dieser Anwendung einer heftigen Debatte unter westeuropäischen Wirtschaftshistorikern [93: GUTMANN, Dynamics; 117: MENDELS, Proto-industrialization] auf Deutschland geht es um die Rückwirkung des seit dem ausgehenden Mittelalters rasch expandierenden Landgewerbes auf die frühneuzeitliche Stadt. Das durch den Ausbau ursprünglich ländlicher Gewerbe (Metall, v. a. Kleineisen) und die seit dem 16. Jahrhundert voranschreitende Verlagerung weiterer Gewerbezweige (die Nouvelle Draperie: Leinen, Wollzeug/Barchent, Mischstoffe, Baumwolle) aus der Stadt aufs Land entstandene System der „Proto-Industrialisierung" zeichnete sich, abgesehen vom Standort, durch ein proto-modernes „demographisches Hochdrucksystem" aus, das das traditionelle Gleichgewicht zerstörte und durch Bevölkerungswachstum die für das wirtschaftliche Wachstum unerläßliche „Elastizität des Arbeitskräfteangebots sicher(stellte)" [112: KRIEDTE, Proto-Industrialisierung, 21]. Beides zusammen veränderte das Städtewesen und das Städtesystem tiefgreifend und bereitete es für die gewaltige demographische und

Gewerbliche Schrumpfung in den traditionellen Zentren ökonomische (städtische Fabriken) Urbanisierung des Industriezeitalters vor. Auf den ersten Blick scheint es sich um eine De-Urbanisierung zu handeln. Denn den Städten ging damit die Dynamik verloren – ökonomisch, indem die überlegene Nouvelle Draperie das

städtische Tuchhandwerk überflügelte; demographisch, indem der
ländliche Bevölkerungszugewinn nur noch zu einem kleinen Teil in
die traditionellen urbanen Zentren floß. Und in der Tat trat ein
„Funktionsverlust der Exportgewerbestädte" ein, der zur Schrumpfung oder Stagnation führte, so in Aachen, Köln, Nürnberg, ebenso
in Florenz, Venedig, Lille, im ausgehenden 17. Jahrhundert schließlich selbst in Leiden. Eine gewisse Ausnahme macht Augsburg, wo
das Gewerbe trotz erheblicher Schrumpfung bedeutend blieb und zu
Ende des 17. Jahrhunderts mit dem Kattundruck ein zukunftsge-
richtetes Großgewerbe neu angesiedelt wurde [PETER FASSL, in: 30:
GOTTLIEB u.a., Augsburg, 468–480; 25: FASSL, Konfession; 70:
ZORN, Handelsgeschichte].

Der gewerblichen Schrumpfung stehen zumindest zwei Impulse   Urbanisierungs-
gegenüber, die sich längerfristig als strukturelle Urbanisierung ver- impulse der Proto-
rechnen lassen: zum einen der Zugewinn an organisatorischer und   Industrialisierung
unternehmerischer Kapazität auf seiten des weiterhin meist stadtsäs-
sigen Verleger-Bürgertums im Landgewerbe. Zum anderen die Herausbildung semi-urbaner Agglomerationen, häufig im Umkreis der
alten städtischen Gewerbezentren (Aachen: Burscheid, Stolberg,
Monschau, Vaals, Eupen; Köln: Bergisches Land, Lennep, Mühl-
heim) oder in bislang urbanitätsgeschichtlich unbedeutenden Klein- Aufstieg neuer
und Minderstädten (Krefeld, Barmen-Elberfeld, Solingen, Rem-   urbaner Zentren
scheid, Haiger, Burbach, Sinn). Wichtige Impulse erhielt dieser Prozeß durch die große Migrationswelle des 16./17. Jahrhunderts, auf
die im Zusammenhang mit dem Stadttypus der „Exulantenstadt"
zurückzukommen ist (vgl. II, 2 weiter unten). Vom 19. Jahrhundert
her gesehen, bedeutete beides eine für die Industrialisierung wichtige Verbesserung der ökonomischen Steuerungskapazitäten des   Die ökonomischen
Bürgertums (Unternehmer) und des Arbeitskräftereservoirs sowie   Steuerungskapazi-
eine Ausweitung und Differenzierung des städtischen bzw. semi-   täten
städtischen Netzes. In dieser Perspektive war die Proto-Industrialisierung zugleich eine Proto-Urbanisierung. Denn „sie nahm der
Stadt ... trotz aller Funktionsverluste nichts von ihrer Bedeutung als
Organisationszentrum des volkswirtschaftlichen Produktions- und
Zirkulationsprozesses, sondern ermöglichte es ihr, ihre Allgewalt
auf neue Weise zur Geltung zu bringen" [112: KRIEDTE, Proto-Industrialisierung, 51].

So sehr die Proto-Industrialisierung eine „Krise der Städte als
Zentren der gewerblichen Warenproduktion in der frühen Neuzeit   Hochwertige Ge-
[112: Proto-Industrialisierung, 50] heraufbeschwor, so sehr muß an- werbeproduktion in
dererseits betont werden, daß das städtische Handwerk keineswegs   den alten urbanen
                                                                 Zentren

generel versagte oder gar implodierte. Die städtischen, von Zünften und Korporationen bestimmten Produktionsverhältnisse gerieten zwar „zur Verwertung und Akkumulation des Handelskapitals" in Widerspruch [112: Proto-Industrialisierung, 29], und die Stadt war daher kein günstiger Standort für die Massenproduktion von Billigwaren. Das gilt aber nicht für die teuren, hohe Arbeitsqualität und Leistungskontrolle voraussetzenden Produkte des gehobenen oder Luxusbedarfs (schwere Wolltuche, Seide, Brokat etc., Tapisserien, Möbel, Gold- und Silberschmuck u. ä.). Für sie waren die Städte weiterhin die geeigneten Standorte, und die Zunftorganisation war

Parallele Entwicklung von Landgewerbe und städtischem Luxusgewerbe

hierfür funktional. Darauf hat Herman van der Wee in eindringlichen Studien über die frühneuzeitliche Wirtschaftskraft flämischer und brabantischer Städte hingewiesen, wo „the expansion of the luxury export industries … ran parallel with an expansive rural industry". Erst als die traditionellen Luxusgewerbe im 18. Jahrhundert in die Krise gerieten, hing die gewerbliche Expansion auf dem Lande ebenso wie in den Städten ausschließlich von dem Erfolg der Protoindustrialisierung ab [142: v. d. WEE, Dynamics, 372; 141: v. d. WEE, Ontwikkeling]. Ähnliches gilt für manche deutsche Stadt, wo noch im 18. Jahrhundert „das Gefüge des Alten Handwerks so bunt wie die Vielfalt der weltlichen und geistlichen Territorien" war [67: STÜRMER, Herbst, 28; zuvor bereits 70: ZORN, Bayrisch Schwaben, 80 f., 91 f.; H KELLENBENZ, Die wirtschaftliche Rolle der schwäbischen Reichsstädte im neuen Licht, in: Esslinger Studien 10 (1964) 222–227; jüngst abwägend 213a: ZÜCKERT, Funktion]. Vor allem die in der letzten Generation von Wilhelm Abel, Wolfram Fischer und Karl Heinrich Kaufhold entwickelte interdisziplinäre Handwerksgeschichte hat ein differenziertes Bild erarbeitet [55: REININGHAUS, Gewerbe, 49–63].

Anknüpfungspunkte für die Rezeption der Urbanisierungsdebatte

Der deutschen Geschichtswissenschaft sollte der Anschluß an die angelsächsische Urbanisierungsdebatte um so leichter fallen, als deren siedlungs- und kommunikationstheoretische Grundlagen in Deutschland entwickelt wurden. Das gilt sowohl für das Modell des „zentralen Ortes", der seine Umgebung mit wirtschaftlichen, verwaltungsmäßigen, kulturellen oder sonstigen Dienstleistungen versorgt, als auch für die „Netzwerk-Systeme", in die jede Stadt für den regional- und länderübergreifenden Austausch eingebunden ist [Johann Heinrich Thünen, Walter Christaller, August Lösch: IRSIGLER, in: 80: BULST/HOOCK/IRSIGLER, Bevölkerung, 13–38]. Die jüngere Generation von deutschen Stadthistorikern und Siedlungsgeo-

Forschungen zur Zentralörtlichkeit

graphen hat an diese Tradition durchaus angeknüpft, ohne sich al-

lerdings bereits auf das Wagnis eines Gesamtentwurfes deutscher
Urbanisierungsgeschichte über die Epochen hin eingelassen zu haben. Neben einer Reihe einschlägiger Aufsätze, vor allem in Sammelbänden [135: SCHULZE, Um- und Hinterland; 118: MEYNEN,
Zentralität; 80: BULST/HOOCK/IRSIGLER, Bevölkerung; 143: WIE-
GELMANN, Beziehungen] und Monographien, die die Stadt-Umland-
Problematik für die Analyse allgemeingeschichtlicher Prozesse nut-
zen, sind vor allem drei große exemplarische Fallstudien zu nennen
– für die spätere Frühe Neuzeit diejenige von Hans Heinrich Blotevogel zu den zentralen Orten in Westfalen; für die Übergangsphase
vom Spätmittelalter zur Frühen Neuzeit das magistrale Werk von
Rolf Kießling zu Ostschwaben, mit den Fallbeispielen Augsburg,
Ulm, Nördlingen, Memmingen, Lauingen, Mindelheim und TOM
SCOTT zu Freiburg [135 a].

   Der Geograph Blotevogel arbeitet mit einem epochespezifi-
schen Bündel von Zentralitätskriterien, innerhalb dessen „für die   BLOTEVOGEL: Zen-
vorindustrielle Zeit ..." der sonst übliche „Primat wirtschaftlicher   tralitätskriterien für
                                                                        die vorindustrielle
Zentralfunktionen" aufgehoben und statt dessen „die Gruppe der   Stadt
kirchlichen Zentralfunktionen" höher gewichtet wird [78: BLOTEVO-
GEL, Zentrale Orte, 229]. Nach detaillierter Analyse der fünf Zentra-
litätsdimensionen „Verwaltung, Justiz, Kirche", „Wirtschaft",
„Kultur", „Gesundheitswesen", „Verkehr" sowie der dadurch geprägten Land-Stadt-Wanderung kommt der Autor zu dem Ergebnis,
daß die zentralen Orte und ihre Raumbeziehungen zwar auch durch
den Naturraum (Relief und Flüsse u. a.) geprägt wurden, daß aber
der „politische und konfessionelle Faktor", also Territorial- und
Konfessionsgrenzen, weit wichtiger waren. Diese im späten Mittel-   Bedeutung der poli-
alter und im 16. Jahrhundert entstandenen politischen und kirchli-   tischen und kirch-
chen Strukturen blieben sogar erstaunlich resistent, als die Indu-   lichen Strukturen
strialisierung alles umzupflügen schien [P. SCHÖLLER, Die rheinisch-
westfälische Grenze zwischen Ruhr und Ebbegebirge. Ihre Auswirkungen auf die Sozial- und Wirtschaftsräume und die zentralen
Funktionen der Orte, Münster 1953]. Am stärksten war die Steue-
rung durch Territorium und Konfession bei den administrativen,
kirchlichen, sozialen und kulturellen Funktionen, merklich geringer
dagegen in der Wirtschaft: „Große Handelszentren wie Bremen,
Köln, Elberfeld und Frankfurt (konnten) gleichsam ‚supraterrito-
riale‘ (und ‚transkonfessionsräumliche‘, H. Sch.) wirtschaftliche
Einflußzonen höchsten Ranges ausbilden" [a. a. O., 232].

   Kießling zeigt, wie sich zu Ende des Mittelalters das Netz zen-
tralörtlicher Hierarchie „bis zu den Klein- und Kleinstformen ver-

dichtet" und „der Funktionszusammenhang von Stadt und Land sich nicht nur intensiver gestaltet, sondern auch qualitativ verändert" [106: KIESSLING, Stadt, 7]. Die auf der Basis der herrschaftlichen Zentralitätsfunktionen (städtische Umlandpolitik, Markt, gewerbliche Beziehungen, bürgerlicher Landbesitz) herausgearbeiteten Entwicklungsmuster von Zentralität und Stadt-Land-Beziehungen unterschieden sich erheblich, je nach Größe und Struktur der jeweiligen Stadt – in der Spannbreite zwischen Augsburg, dessen „Heraushebung als Oberzentrum (im 16. Jahrhundert) einen Kulminationspunkt" erreichte, und Mindelheim, das von allen eigenständigen Bindungen des Landes an die Stadt abgeschnitten und „fast völlig in die Herrschaft (der von Frundsberg) integriert wurde". Mindelheim, das innerhalb des Minder-Territoriums nur begrenzt „neue zentrale Funktionen als Verwaltungs- und Herrschaftsmittelpunkt" gewinnen konnte, war damit schon früh zur home-town (Teil I, S. 1) geworden, ohne religiöse, kulturelle und soziale Dynamik. OLAF MÖRKE, der Mindelheim als exzeptionelles Beispiel einer deutschen Stadt ohne jeden Ansatz für eine reformatorische Bewegung durchleuchtet hat, erklärt das in erster Linie damit, daß für Mindelheim „zu keiner Zeit ... die Möglichkeit (bestand), sich aus dem Bannkreis stadtherrlicher Reglementierung zu lösen" [45: Ruhe, 167]. Der gesamte Umstrukturierungsprozeß war Mitte des 16. Jahrhunderts weitgehend abgeschlossen. Danach setzte auch in den Orten höchster Zentralität und in dem Städtenetz insgesamt eine lange Phase der Stagnation ein, und zwar aus exogenen wie endogenen Gründen. (Veränderung der Verkehrswege, Verfestigung der territorialen Grenzen, reaktionär-oligarchischer Verfassungsoktroi Karls V.) „Die unterschiedlichen Entwicklungsmuster des Verhältnisses von Stadt und Land wurden (damit) an einem Punkt eingefroren, der eigentlich nur ein Übergang sein konnte" [106: Stadt, 798].

Auch unabhängig von der expliziten Zentralitäts- und Stadtnetzforschung sind neben einem frühen synthetischen Versuch aus der Feder der verdienstvollen Stadthistorikerin EDITH ENNEN [Die Stadt zwischen Mittelalter und Gegenwart, in: 24: ENNEN, Abhandlungen, Bd. I, 198–209, Erstdruck 1965] jüngst eine ganze Reihe von Untersuchungen zur frühneuzeitlichen Stadtgeschichte erschienen, die als Mosaiksteine für eine synthetische Geschichte der frühneuzeitlichen Urbanisierung in Deutschland gelten können. Dazu zählen natürlich zuerst die demographischen und sozialstatistischen Studien, die inzwischen in ansehnlicher Zahl vorliegen [vor allem

KIESSLING: Zentralität und Stadt-Land-Beziehungen

MÖRKE: Das Beispiel Mindelheim

Studien zur demographischen Urbanisierung

100: IMHOF, Gießen; 38: KINTZ, Société strasbourgeoise; 298: FRAN-
ÇOIS, Koblenz; 18: DREYFUS, Mayence; 127: RÖDEL, Mainz; 113:
KRÜGER, Oldenburg; 62: SCHULTZ, Berlin]. Dazu zählen des weiteren die Arbeiten zu den städtischen Familien- und Haushaltsformen. In seiner Studie zu Salzburg, auf die sich bereits die entsprechende Passage des enzyklopädischen Überblicks stützte (oben I, 1
17 ff.), bringt MICHAEL MITTERAUER jenen epochalen Wandel in
den Familienformen, der das „ganze Haus" beseitigte und damit we- Familienformen
sentlich zur Entstehung der Industriegesellschaft beitrug, direkt mit $\begin{smallmatrix}\text{und Haushalts-}\\\text{größe}\end{smallmatrix}$
der alteuropäischen Urbanisierung in Verbindung, und zwar spe-
ziell mit derjenigen in Residenzstädten [315: Grundtypen, 94–97].

Schließlich gehören in diesen Zusammenhang auch die qualitativen Untersuchungen und theoretischen Überlegungen zum Nor-
mensystem und zum Verhaltenscodex des neuzeitlichen Bürgertums.
Neben den Studien von PAUL MÜNCH zur Entstehung der „bürgerlichen Tugenden" (vgl. II, 3 b) sind hier vor allem die Überlegungen
von MARTIN DINGES zur bürgerlichen Ehre und HANS-WERNER
HAHNS Analyse zur „Kultur der Bürger" zu nennen [303: Kultur;
304; Altständisches Bürgertum]. In einem weitgespannten theoretischen Entwurf reklamiert Dinges „Ehre" als vordringliches For-
schungsobjekt frühneuzeitlicher Stadt- und Bürgertumsgeschichte,
weil dadurch die „Schnittstelle zwischen individueller Orientierung Der bürgerliche
und gesellschaftlichen Leitbildern" sowie „wesentliche Steuerungs- $\begin{smallmatrix}\text{Verhaltenscode der}\\\text{„Ehre"}\end{smallmatrix}$
mechanismen des Alltags" ins Blickfeld träten. An die Urbanisie-
rungsdebatte koppelt sich dieser Ansatz implizit dadurch an, daß er
die Ehre mit bestimmten Stadien der städtischen Gesellschaft in
Verbindung bringt und die Wandlungen thematisiert, die in „einer
langen ... Auflösungsphase beim Übergang von der stratifizierten
zur funktional differenzierten Gesellschaft" durchlaufen werden
[161: DINGES, Ehre, 411, 436]. Genau diesen Übergang untersucht
Hahn systematisch am Beispiel der „Veränderungen in der Lebenswelt des Wetzlarer Bürgertums zwischen 1700 und 1800". Wie Mitterauer und Dinges in den von ihnen untersuchten Zusammenhängen, so kommt auch Hahn zu dem allgemeingeschichtlich bedeutsa- Konstanz und
men Ergebnis, daß die Bürgerwelt des 19. Jahrhunderts stärker als $\begin{smallmatrix}\text{Wandel in der bür-}\\\text{gerlichen Lebens-}\\\text{welt}\end{smallmatrix}$
bislang meist angenommen aus „den alten Ordnungen mit zahlrei-
chen Zwischenformen" herausgewachsen ist. Vor allem für den Bil-
dungsbereich kann er nachweisen, daß „viele Modernisierungsan-
stöße ... deshalb nachhaltige Veränderungen herbeiführen (konnten), weil innerhalb des alten Stadtbürgertums bei allen beharren-
den Tendenzen auch Elemente der Mobilität zu finden waren" [303:

HAHN, Kultur, 183]. Auch der kulturgeschichtliche bzw. „lebensweltliche" Befund deutet also entschieden darauf hin, daß die strukturelle Urbanisierung des 17. und 18. Jahrhunderts diejenige des 19. Jahrhunderts und allgemein das bürgerliche Industriezeitalter vorbereitete – eine Sicht, die durch die Forschungen zur Herausbildung bürgerlicher Verhaltens- und Denkformen im Zuge der europäischen Konfessionalisierung bestätigt wird (vgl. unten II, 4 b).

Wie sehr inzwischen die Bedeutung der frühneuzeitlichen strukturellen Urbanisierung von der deutschen Stadtgeschichtsforschung rezipiert wurde, belegt die Selbstrevision, die der Münsteraner Kartograph und Stadthistoriker Heinz Stoob jüngst bei der Interpretation seiner Statistik zur Stadtentstehung vornahm. Das Phänomen „Stadtbildung" allein, zumal in „einer lediglich statistischen Anschauung", habe, so schreibt er in der neuesten Fassung seiner richtungweisenden Studien über die Verbreitung der Städte, keine hinlängliche Beweiskraft für eine qualitative Aussage über Stärken oder Schwächen des Städtewesens in einer gegebenen Epoche. Wenn man den qualitativen Wandel „der stadtschaffenden und städtisches Dasein fördernden, wie der ihm umgekehrt hinderlichen, wo nicht schädlichen Kräfte" berücksichtige (Staatsbildung, wirtschaftliche Umwälzungen, Konfessionalisierung), werde deutlich, daß die drei Jahrhunderte der Frühen Neuzeit „in der Bedeutung für die Entfaltung städtischen Lebens in Mitteleuropa (ein) nicht zu unterschätzender Zeitabschnitt" seien [STOOB, in: 209: STOLLEIS, Recht, 267–282; Zitate 267, 277, 282. Die älteren Versionen in: 65: STOOB, Forschungen, 21]. Hilfreich für ein sachgerechtes Bild von der frühneuzeitlichen Stadtgeschichte ist insbesondere die Typisierung [STOOB zu Städtetypen, in: 65: Forschungen, 246–284; 128: SCHEUERBRANDT, Stadttypen], insofern sie den Wandel gegenüber dem Mittelalter herausstellt und zugleich wesentliche Kräfte der strukturellen Urbanisierung in der Frühen Neuzeit markiert – die Berg- und Manufakturstädte, die von der frühmodernen Staatsbildung geprägten und teils als Plan- oder Idealstädte entworfenen Residenz-, Festungs- und Flüchtlingsstädte. Neben diesen spezifisch frühneuzeitlichen Städtetypen wurde aber auch der Wandel erforscht, der sich innerhalb der epochenübergreifenden Typen ergab, wie etwa bei den Bischofs- und Kathedralstädten oder bei den See- und Flußhäfen [256: PETRI, Bischofs- und Kathedralstädte; 137: STOOB, See- und Flußhäfen].

Die *Bergstädte* sind in der Urbanisierungsperspektive eher ein kurzlebiges Übergangsphänomen der werdenden Neuzeit, das in

Revision der Städtetal-These

Städtetypen

Bergstädte

dem Moment an Bedeutung verlor, als Mitte des 16. Jahrhunderts das deutsche Montangewerbe generell in eine Krise geriet [37: KASPER/WÄCHTLER, Freiberg; STOOB, Städtetypen, in: 65: Forschungen, 246–284, hier 253 ff.; 111: KRATZSCH, Bergstädte]. Die *Festungs-, Ideal- und Planstädte* [32: GRUBER, Gestalt; 145: WORTMANN, Städtegründungen; 84: EBERHARDT, Jülich; 85: EICHBERG, Schwedenfestungen; 86: EIMER, Stadtplanung; 139: STUBENVOLL, Hugenottenstädte] gelten insofern als typisch frühneuzeitlich, als sich hier Förderung, aber auch Indienstnahme der Stadt durch den Territorialstaat am augenfälligsten manifestierten. Bei den Festungsstädten ging das bis hin zum Extremfall vitaler Behinderung der städtischen Wirtschaft durch einen „erdrückenden" Festungsgürtel, wie etwa in Wesel oder Magdeburg [96: HERRMANN/IRSIGLER, Beiträge; STOOB, in: 40: KRÜGER, Barock; HEINRICH, in: 52: RAUSCH, Städte, 158 ff.; 113: KRÜGER, Oldenburg; zur „Bürgerkultur" in einer brandenburgisch-preußischen Festungsstadt vgl. ERIKA UITZ, in: 53: RAUSCH, Städtische Kultur, 79–86, 293–296]. In einer innovativen und perspektivenreichen Studie untersucht HENNING EICHBERG am Beispiel Stades die „Ökonomie der Festung im 17. Jahrhundert", womit er die Gesamtdimension dieses typisch frühneuzeitlichen Städtetypus auch und insbesondere in seiner Rückwirkung auf den Bürger meint: „Festungsgeschichte ist nicht nur Geschichte von *Technik* gegen den äußeren Feind. Sie ist auch mehr als nur Geschichte der *Macht* gegen innere ... Subversion. [...] Sie geht nicht vollständig auf in der Geschichte klassenspezifischer (Wirtschafts)*Interessen*. [...] Sondern in und unter ihr eröffnet sich eine Dimension kultur-soziologischer Subjektivitätsgeschichte, der es um den Wandel von Sinnlichkeit geht" [in: 174: KIRCHGÄSSNER/SCHOLZ, Stadt und Krieg, 105–124, hier 122; zuletzt die Fallstudie zu Göttingen von RALF PRÖVE, Herrschaftssicherung nach innen und außen: Funktionalität und Reichweite obrigkeitlichen Ordnungsstrebens am Beispiel der Festung Göttingen, in: Militärgeschichtliche Mitteilungen 51 (1992), 297–315].

Anders die Residenz- und Flüchtlingsstädte. Sie erscheinen als Motore frühneuzeitlicher Urbanisierung und sind entsprechend intensiv erforscht worden. In den *Residenzstädten* ergab sich die für Deutschland typische enge Verschränkung zwischen Bürgerwelt und fürstlich-adliger Sphäre des Hofes und der territorialen Beamtenschaft, die für Gewerbe und Handel ebenso prägend wurde wie für die Sozialstruktur, die Kultur und das Geistesleben, bis hin zur Klassik in Weimar. Hierzu liegen einige ältere vergleichend typolo-

Marginalien:

Festungs-, Ideal- und Planstädte

Festungsstadt und frühneuzeitliche Stadtgesellschaft

Residenzstädte

gische Versuche vor [124: Residenzstadt; 88: ENNEN/VAN REY, Haupt- und Residenzstädte; 128: SCHEUERBRANDT, Stadttypen, 223 ff., 236 ff., 249 f.]. Eine vergleichende Monographie, die auf breiter empirischer Basis umfassend den Typus der Residenzstadt funktional und historisch beschreibt und seine Rolle für die Geschichte des deutschen Bürgertums und Deutschlands allgemein erfaßt, bleibt allerdings ein Desiderat für die Forschung. Sich dieser Aufgabe zu stellen, ist um so vordringlicher, als die Symbiose von bürgerlichen und höfisch-adligen Lebensformen, die sich in Dutzenden von Residenzstädten entwickelte, nicht nur die Sozial-, Kultur- und Geistesgeschichte nachhaltig prägte, sondern auch die Mentalität des Bürgertums und die politische Kultur Deutschlands. Eine solche Darstellung, deren Perspektive von der Frühen Neuzeit aus ins 19. und 20. Jahrhundert hinein reichen müßte, könnte auf eine ganze Reihe von Einzelfallstudien und Aufsätzen in Sammelbänden aufbauen [etwa 298: FRANÇOIS, Koblenz; 83: CONRING, Aurich; 41: LÖFFLER, Dresden. – S. HOYER: Dresden, M. SCHATTENHOFER: München, B. KIRCHGÄSSNER: Mannheim, E. LICHTENBERGER: Wien, alle in: 53: RAUSCH, Städtische Kultur; 287: BERNS, Wolfenbüttel; und

Der Sonderfall Berlin   viele mehr]. In einer sozialgeschichtlichen Studie zu ,,Berlin 1650– 1800'' erfaßt HELGA SCHULTZ den Sonderfall einer mittleren deutschen Residenzstadt, die durch die Machtstaats- und Wirtschaftspolitik ihres Territoriums und ihrer Dynastie ,,emporgerissen wurde aus (ihrem) geruhsamen Dasein als Provinzhauptstadt'' [62: Berlin, 11] zur europäischen Größe einer wirklichen Kapitale, wie sie in Deutschland nur noch Wien erreichte.

Vorwiegend ökonomische Urbanisierungsimpulse ergaben sich für das deutsche Städtewesen durch die Minderheiten, die sich infolge der großen Migrationswellen des 16. und 17. Jahrhunderts in deutschen Städten niederließen, und zwar sowohl in eigens gegrün-

Flüchtlingsstädte   deten *Flüchtlingsstädten* als auch in vielen der alten urbanen Zentren. Diese Wanderungsbewegungen waren konfessionell, zum Teil aber auch ökonomisch begründet. Die erste, niederländische Welle richtete sich sowohl auf die großen Handelsstädte (v. a. Hamburg, Aachen, Köln, Frankfurt, z. T. auch Leipzig und Augsburg) als auch auf kleinere Territorialstädte (Frankenthal, Hanau, Mannheim, Glückstadt u. a.). Schließlich siedelten solche Minderheiten auch in jenen semiurbanen Agglomerationen, die bereits im Zusammenhang mit der Proto-Industrialisierungsdebatte erwähnt wurden (vgl.

Urbanisierungs-impulse durch Minderheiten   II, 2 oben). Die Ansiedlung der Hugenotten im ausgehenden 17. Jahrhundert wurde deutlich von der Wirtschafts- und Peuplie-

2. Die frühneuzeitliche Urbanisierung

rungspolitik der Territorien gesteuert, so daß neben den Haupt- und Residenzstädten zahlreiche kleine Landstädte betroffen waren. Zu diesen Vorgängen liegt eine umfangreiche Literatur vor, und zwar sowohl vergleichend [129: SCHILLING, Exulanten; 130: SCHILLING, Konfessionsmigration; BÜTFERING, in: 21: EHBRECHT/SCHILLING, Niederlande, 347–418; ZUMSTRULL, in: 48: PRESS, Merkantilismus, 156–221; 139: STUBENVOLL, Hugenottenstädte; R. ENDRES, W. DEI-SEROTH, N. GORMSEN, in: 145: WORTMANN, Stadtgründungen, 31–90; J. BISCHOFF, in: 306: KIRCHGÄSSNER/REUTER, Randgruppen, 115–128] als auch als Einzelfallstudien [79: BOTT, Neustadt Hanau]. Die Diskussion konzentrierte sich vor allem auf die konfessionellen Spannungen und die Minderheitensituation und deren Rolle für die Verbreitung ökonomischer und sozialer Innovationen.

Die nicht konfessionell, sondern ausschließlich demographisch und ökonomisch begründete Migration des 17. und 18. Jahrhunderts von oberitalienischen, aus dem Gebiet um die großen Seen und den angrenzenden Alpentälern stammenden Händlern und Gewerbetreibenden analysiert JOHANNES AUGEL in einer sowohl die ökonomischen wie auch die sozialen Folgen für die deutschen Städte erhellenden Monographie [73: Einwanderung]. Die Einwanderer brachten Dutzenden von Groß- und Kleinstädten (von Düsseldorf und Neuß im Norden über Köln, Bonn, Beul, Neuwied, St. Goar, Bingen, Mainz, Trier in der Mitte bis St. Wendel, Mannheim, Heidelberg, Philippsburg, Bruchsal im Süden) neue Handels- und Gewerbezweige, von denen vor allem die italienische Kaminfegerei berühmt war. – Über die Stadtgeschichte im engeren Sinne führt die vergleichende Untersuchung hinaus, die ST. JERSCH-WENZEL den Juden und „Franzosen" in Berlin und Brandenburg widmete [101: Juden]. Denn es geht hier um die Rolle eines „von einer autokratischen Regierung" in territorialstaatlicher Perspektive geförderten „Ersatzbürgertums" [101: Juden, 246 nach H. Rachel]. Die Autorin kann zeigen, daß der wirtschaftliche Erfolg und insbesondere die innovative Leistung dieser Minderheiten zunächst begrenzt war, weil, anders als in England, Frankreich und den Niederlanden, der brandenburgische Etatismus Initiative und Risikobereitschaft des einzelnen nicht förderte, sondern hemmte. Darin unterscheidet sich der Berlin-Brandenburger Befund deutlich vom demjenigen der älteren Untersuchungen zum Wirtschaftsstil und zum ökonomischen Erfolg der calvinistischen und mennonitischen Minderheiten in den niederrheinischen Klein- und Minderstädten Monschau, Burscheid, Stolberg und Krefeld, wo die staatliche Dirigismus nur schwach

Italienische Immigration

Juden und „Franzosen" als „Ersatzbürgertum" in Brandenburg-Preußen

Minderheiten in den niederrheinischen Städten

war [72: v. ASTEN, Antriebe; 75: BARKHAUSEN, Wirtschaftslenkung; 148: ZUNKEL, Protestantismus].

Universitätsstädte   Prägend für das Erscheinungsbild der frühneuzeitlichen Urbanisierung in Deutschland waren schließlich auch die *Universitätsstädte* in ihrer typischen Spielart der konfessionell bestimmten Landesuniversität [116: MASCHKE/SYDOW, Universität; 132: SCHIND-
Das Beispiel   LING, Universität, 84, Liste der Städte]. Peter Moraw hat exempla-
Gießen   risch die hessisch-darmstädtische Ackerbürgerstadt Gießen untersucht, die um 1600 wenig mehr als 1000 Einwohner und kaum ein überlokales Handwerk besaß, mit der Gründung einer lutherischen Universität 1607 aber einen deutlichen Urbanisierungsschub erhielt. Das betraf die Einwohnerzahl und die soziale Differenzierung, vor allem aber das Netz der Kommunikation und des Einflusses. Insbesondere die Theologen und die auf die konservative Auslegung des Reichsrechtes spezialisierten Juristen waren bis Ende des 18. Jahrhunderts in einen reichsweiten Diskurs eingespannt [P. MORAW, Kleine Geschichte der Universität Gießen, 2. Auflage Gießen 1990, 9–102]. In der traditionell starken deutschen Universitätsgeschichte stehen allerdings in der Regel die Institution und die Korporation der Universität sowie die dort betriebenen Wissenschaften im Zentrum des Interesses, während die Universitäts*stadt* und ihre Bürgerschaft in der Regel wenig Beachtung finden [G. SCHORMANN, Academia Ernestina … zu Rinteln, Marburg 1982; G. MENK, Die hohe Schule Herborn, 1584–1660, Wiesbaden 1981. – Einiges zu Stadt und Bürgertum dagegen bei 76: BAUMGART/HAMMERSTEIN, Universitätsgründungen; und 131: SCHINDLING, Straßburg].

Studien zur kultu-   Was schließlich die Literatur zur allgemeinen Rolle von Bil-
rellen Urbanisie-   dung und Kultur im frühneuzeitlichen Urbanisierungsprozeß anbe-
rung   langt, so gibt darüber ein gesonderter Band detailliert Auskunft (EdG, Bd. 9 von ROECK). Es genügt daher, kurz die wichtigsten Forschungsprobleme und die grundlegenden Ergebnisse zu skizzieren: Da ist zunächst die in Deutschland traditionell starke Institutionen- und Geistesgeschichte der städtischen Schulen, die sich zur Sozial-
Stadtschulen   und Allgemeingeschichte öffnete [295: ENDRES, Bildungswesen; 300: FRIEDRICH, Gelehrtenschulen; R. ARDELT, in: 53: RAUSCH, Kultur, 129–150; 318: NEUGEBAUER, Schulwirklichkeit, 211 ff., 302 ff., 511 ff.]. Als wichtige Ergänzung, die die Effektivität dieses Schulunterrichtes ins Blickfeld rückt, hat sich jüngst auch in Deutschland die Alphabetisierungs- und Leseforschung etabliert, die teils aus „Unterschriften", teils aus Buchbesitz ihre Schlüsse zieht. Es liegen einige Regionalstudien vor, die in den Städten, und keineswegs nur

dort, ein in Auf- und Abschwüngen äußerst differenziertes Alphabe- Alphabetisierung,
tisierungsgeschehen und Leseverhalten nachweisen [321: QUARTHAL, Leseverhalten und
Schwaben; 319: NEUMANN, Tübinger Bürger; 297: FRANÇOIS, Buchbesitz
Speyer; 288: BÖDEKER/CHAIX/VEIT, Livre]. Ein für Deutschland allgemein gültiges Bild gibt sich noch nicht zu erkennen. Da die Verhältnisse sehr unterschiedlich waren, läßt sich ein solches auch nicht
aus wenigen Fallstudien extrapolieren, sondern nur aus vielen additiv zusammensetzen. Stadt- und urbanitätsgeschichtlich höchst inter-
essant ist die Frage, ob der in einigen Dörfern zu Ende des 18. Jahrhunderts nachgewiesene erstaunlich hohe Grad der Alphabetisierung mit der Städtedichte der jeweiligen Region korreliert. Dies gilt
etwa für das württembergische Dorf Laichingen, zu dem wir jetzt
detaillierte Angaben besitzen [demnächst H. MEDICK, Leben, We-
ben und Sterben in Laichingen 1650–1900. Untersuchungen zur So-
zial-, Kultur- und Wirtschaftsgeschichte aus der Perspektive einer
lokalen Gesellschaft im frühneuzeitlichen Württemberg]. Dagegen
erfolgte die Alphabetisierung in den oldenburgischen Marschdör-
fern eher unabhängig von städtischem Einfluß [W. NORDEN, in:
E. HINRICHS/W. NORDEN (Hrsg.), Regionalgeschichte, Hildesheim
1980, 103–164; E. HINRICHS, in: H. OTTENJANN/G. WIEGELMANN
(Hrsg.), Alte Tagebücher, Münster 1982, 85–103].

Eher in den Bereich der Elitenkultur führen die Untersuchungen zur Buchproduktion einzelner Städte und zur „Geographie" der
Verlage im deutschen Städtenetz [81: CHRISMAN, Culture; 299: FRAN-
ÇOIS, Géographie] sowie zur Bildungs- und Literaturgeschichte des
deutschen Bürgertums [316: MOELLER, Bildungswesen; 324:
SCHÖNE, Stadt; 307: KLEINSCHMIDT, Literatur; 302: GARBER, Literatur; GARBER, in: 40: KRÜGER, Barock]. Wie die Träger der „bürgerlichen" Literatur der Frühen Neuzeit, die bürgerlichen Standes waren, aber meist in enger dienstlicher Beziehung zum Fürstenstaat
standen, sozial- und gesellschaftsgeschichtlich einzuordnen sind,
darüber hat sich eine heftige Kontroverse zwischen Germanisten,
Historikern und Philosophen entwickelt [291: BREUER, Bürgerliche Kontroverse über
Literatur; 301: GARBER, Bürgerliche Literatur; 311: KÜHLMANN, Ge- „bürgerliche"
lehrtenrepublik; G. E. GRIMM, Literatur und Gelehrtentum, Tübin- Literatur im
gen 1983; S. WOLLGAST, Zur Stellung des Gelehrten in Deutschland 17. Jahrhundert
im 17. Jahrhundert, Ost-Berlin 1984]. Aufs Ganze überwiegt die vor
allem von NOTKER HAMMERSTEIN formulierte Skepsis, die einerseits
die antihöfischen Strömungen dieser Literatur zugesteht, darin aber
kein eigenständiges bürgerliches Selbstverständnis erkennen will
und schon gar nicht eine Distanz zum frühmodernen Fürsten- und

Frühneuzeitliche
Stadt als „Ort der
Innovation"

Machtstaat [305: Res publica]. Wie die Gewichte im einzelnen aber auch verteilt werden, im Prinzip ist die Forschung darüber einig, daß ungeachtet der Rolle von Staat und Adel auch in der Frühen Neuzeit Stadt und Bürgertum die Größen waren, die für die Ausbreitung von Schulen und Universitäten, Büchern und Lesefähigkeit, Wissenschaften und Künsten das Entscheidende leisteten. Vor allem die Bildung und die damit verknüpfte „strukturelle Urbanisierung" stellten sicher, daß die Stadt auch „unter den Bedingungen des institutionellen Flächenstaates ein (ja eigentlich *der*, H. Sch.) Ort der Innovation" war [29: GERTEIS, Städte, 178].

3. Die deutsche Stadt in der staatlich-politischen Formierung der Frühen Neuzeit

Stadt und Territorialstaat; Reichsstadt und frühneuzeitliches Reichssystem

Nach dem eingangs beschriebenen Paradigmawechsel geht es in der Diskussion um den Ort der Städte im politischen Gefüge des Reiches nicht mehr um eine Geschichte der Unterdrückung, sondern um eine spannungsreiche Geschichte der Beziehungen. Dabei steht zwar weiterhin das Verhältnis im und zum Territorialstaat unter dem Postulat der Souveränität im Vordergrund. Daneben findet aber auch die Rolle des teilmodernisierten Reiches zunehmend Beachtung, und zwar hauptsächlich, wenngleich nicht ausschließlich, in bezug auf die Reichsstädte. Neben den Beziehungen nach außen geht es dabei auch um die Ausprägung und die Rückwirkungen der staatlich-bürokratischen „Verdichtung" im Innern der Städte. Das betraf die Verfassung und Verwaltung, aber auch die Gesellschaft. In beiden Bereichen machten sich nicht anders als im Flächenstaat die frühmoderne Formierung, Rationalisierung und Professionalisierung bemerkbar. Eng damit verbunden ist ein dritter Forschungsstrang, der sich mit der politischen Kultur des Stadtbürgertums befaßt.

a) Stadt und Territorialstaat; Ausweitung städtischer Verwaltung

Das Thema „Stadt und frühmoderner Territorialstaat" oder „Stadt im Territorialstaat" wurde bereits in der älteren deutschen Geschichtswissenschaft intensiv behandelt. Erwähnt seien nur das Kapitel „Das Städtewesen im absoluten Fürstenstaat" in dem eingangs historiographisch charakterisierten Buch von Hugo Preuß (II, 1) und Gustav von Schmollers „Städtewesen unter Friedrich Wilhelm I." [60: v. SCHMOLLER, Städtewesen, 231–428]. Dagegen

spielte dieser Problemzusammenhang in der internationalen Stadtgeschichte nur eine untergeordnete Rolle. Erst mit der jüngst auch
in der westeuropäischen Historiographie zu verzeichnenden „Renaissance des Politischen" findet dort die Wechselbeziehung zwi- *Das neue Interesse
schen frühneuzeitlicher Stadt und „State Formation" bzw. „Genèse *am Politischen
de l'état moderne" zunehmend Beachtung [152: BLOCKMANS, States;
158: BULST/GENET, La Ville]. Abgesehen von monographischen Abhandlungen [165: EILER, Koblenz; 166: FRIEDLAND, Lüneburg; 193:
QUERFURT, Braunschweig] stehen in der deutschen Forschung zu
Stadt und Territorialstaat drei systematische Zusammenhänge im
Vordergrund, nämlich Reformation und Konfessionalisierung;
Recht, Verwaltung und Bürokratisierung; schließlich staatliche
Wirtschaftsförderung, vor allem im Zeichen des Merkantilismus.

Das im nächsten Abschnitt eigens thematisierte Forschungsparadigma „Stadt und Kirche" konzentrierte sich ursprünglich auf die
engere Reformationsphase. Trotz Betonung der Kongenialität zwi- Reformation und
schen Gemeindereformation und städtisch-bürgerlichem Autono- Stadtautonomie
miebewußtsein wurde in dieser ersten Phase hinsichtlich des Verhältnisses von Stadt und frühmodernem Staat eher die ältere Sicht
eines Verfalls der Städtefreiheit verfestigt. Das hing und hängt mit
der „Mystifizierung" des Jahres 1525 als *des* Wendepunktes in der
deutschen Geschichte der werdenden Neuzeit zusammen, als angeblich die Gemeindereformation abgelöst wurde von der Fürstenreformation, die als einen wesentlichen Schritt zur politischen Unterwerfung der Landstädte die Eingliederung der jungen, kommunal-ge-
nossenschaftlich verwurzelten evangelischen Stadtkirchen in die
obrigkeitlich-behördenmäßig organisierten Landeskirchen vollzog –
dies der stadtgeschichtliche Kern des marxistischen wie nicht-mar-
xistischen Interpretaments der „Fürstenreformation" [M. STEIN- Die These von der
METZ, in: R. WOHLFEIL (Hrsg.), Reformation oder frühbürgerliche Fürstenreformation
Revolution?, München 1972, v.a. 156; 253: OBERMAN, Stadtreformation; 217: BLICKLE, Gemeindereformation, 205 ff.; Rezensionen:
in ZHF 1987, 325–333]. Der Hinweis von FRANZ LAU, daß die großen und einflußreichen Städte im Nordwesten des Reiches von der
Katastrophe des Jahres 1525 unberührt blieben und keinen solchen
Bruch erlebten [177: Bauernkrieg], blieb zunächst folgenlos, zumal
auch BERND MOELLER selbst bei den Reichsstädten die Reformation
längerfristig mit einem Niedergang in Verbindung brachte [248:
Reichsstadt, 59 f., 94 f.].

Die nicht zuletzt von dieser Aporie zwischen realhistorischem Der nordwest-
Befund und allgemeingeschichtlicher Interpretation angeregten deutsche Befund

Feldstudien zur norddeutschen Stadt- oder „Hansestadtreformation" [SCHILLING, in: 251: MOMMSEN, Stadtbürgertum, 240–242;
SCHILLING, in: Sixteenth Century Journal 14 (1983), 443–456] haben
dieses Bild für den Nordwesten und die Ostseestädte revidiert [W.
EHBRECHT, in: 247: MOELLER, Stadt und Kirche, 27–47; 250:
MÖRKE, Rat; SCHILLING, in: 42: LUNTOWSKI, Dortmund, 153–202;
252: MÜLLER, Hannover; 248: MOELLER, Reichsstadt, 92 ff.; zusammenfassender Überblick der Entwicklung vom 14.–17. Jahrhundert
bei MÖRKE, in: 158: BULST/GENET, La Ville, 297–321]. In einer
Fallstudie zur politischen, gesellschaftlichen und kirchlich-religiösen Beziehungsgeschichte im Dreieck von „Hanse-Landstadt"
(Lemgo), sich frühmodern formierendem „Kleinterritorium" (Grafschaft Lippe) und dem „Reich" [197: SCHILLING, Konfessionskonflikt] wurde an einem exemplarischen Beispiel auf die Langfristigkeit des Geschehens hingewiesen (ca. 1500–1650) sowie auf die Tatsache, daß viele Städte trotz des Cuius-regio-eius-religio-Prinzips
von 1555 bis weit in das 17. Jahrhundert hinein gerade in kirchlich
konfessioneller Hinsicht ihre Eigenständigkeit zu behaupten wußten
und damit zugleich auch der politisch-gesellschaftlichen Totalintegration in den Territorialstaat widerstanden. Ähnliches wurde auch
für die katholische Stadt gezeigt, etwa für Münster, das selbst nach
der Eroberung im Anschluß an das Täuferreich eine gewisse religiöse und kirchliche Eigenständigkeit bewahren bzw. wiedererlangen konnte [240: HSIA, Münster].

Auf der anderen Seite ist zu Recht darauf hingewiesen worden,
daß die Bestimmungen des Augsburger Religionsfriedens, speziell
das den Landesherren zugesprochene *ius reformandi,* auf lange
Sicht die Position der Landstädte entscheidend schwächen mußte.
Eine wichtige Rolle wird dabei der Tatsache zugeschrieben, daß es
den Hansestädten und den mit ihnen verbündeten protestantischen
Kurfürsten nicht gelang, einen eigenen „Hansestadt-Artikel" in den
Vertrag hineinzubringen, der Städte wie Münster, Osnabrück oder
Paderborn vor der Gegenreformation und der Unterwerfung unter
ihre katholischen Landesherren hätte bewahren können und darüber hinaus in der politisch wie symbolisch so wichtigen Frage der
Kirchen- und Religionshoheit für Dutzende von Landstädten einen
Wall gegen den Zugriff des Territorialstaates errichtet hätte [190:
PFEIFFER, Reichsstädte; 198: SCHILLING, Republikanismus, 124 ff.].
In dem Maße, in dem Fürsten und Territorialstaaten erstarkten, gab
das *ius reformandi* ihnen das reichsrechtlich geschliffene Instrument
in die Hand, die Städte im Zuge der Konfessionalisierung ihrer Ho

Stadtgeschichtliche
Studien zum Augsburger Religionsfrieden

heit zu unterwerfen. Das ist für lutherische Städte ebenso aufgewiesen worden wie für katholische [259: REGULA, Selbständigkeitsbestrebungen; A. SCHRÖER, Die Kirche in Westfalen im Zeichen der Erneuerung, 1585–1648, Bd. 2, Münster 1987, 119–121, 312–323; 263: RUBLACK, Gescheiterte Reformation]. In Göttingen zum Beispiel wurde 1611 die politische Verfassungsänderung zugunsten des Landesherrn dadurch eingeleitet, daß die bis dahin unabhängige Stadtkirche dem landesherrlichen Konsistorium in Wolfenbüttel unterstellt wurde [17: DENECKE/KÜHN, Göttingen, Bd. 1]. Erst der Westfälische Friede bot den Städten und dem Bürgertum wieder einen gewissen Schutz vor kirchlich-religiösen Veränderungen durch ihre Landesherren – deutlich bei der Unterwerfung des lutherischen Erfurt unter das katholische Mainz [33: GUTSCHE, Erfurt, 145 ff.]; ähnlich wenig später bei den sächsischen und pfälzischen Städten gegenüber ihren katholischen Landesherren. In Brandenburg-Preußen, wo die calvinistischen Hohenzollern eine offensive Toleranzpolitik betrieben – anfangs vor allem, um ihre Minderheitenkonfession zu fördern –, ergab sich daraus ein mächtiger kirchlicher und kultureller Differenzierungsschub, vor allem für die Hauptstadt Berlin [56: RIBBE, Berlin, I, 364–369; E. FRANÇOIS, in: 27: FRANÇOIS/WESTERHOLT, Berlin, 35].

Ähnlich differenziert wie die staatskirchenrechtliche Seite erscheint in der jüngeren Forschung die Geschichte der politisch-administrativen und ökonomischen Beziehungen von Stadt und Territorialstaat. Ausgangspunkt ist die Erkenntnis der Rechts- und Verfassungshistoriker, daß bis zum „aufgeklärten Legalismus", also bis ins späte 18. Jahrhundert hinein, die intermediären Gewalten bestehen blieben, „weil sie als Teil der Rechtsordnung selbst nicht durch die politischen Instrumente des Landesherrn beseitigt werden" konnten. Allerdings hatten sie sich mit dem Sieg des Souveränitätsprinzips „von korporativen zu obrigkeitlichen Verfassungsformen (gewandelt), weil nicht die Genossenschaft, sondern nur der Landesherr die vom Gemeinwohlgedanken bestimmte Politik in praktische Regeln umsetzen kann" [D. WILLOWEIT, Struktur und Funktion intermediärer Gewalten im Ançien Régime, in: Der Staat. Beiheft 2: Gesellschaftliche Strukturen als Verfassungsproblem, Berlin 1978, 9–27, hier 27].

Welche politischen und administrativen Grenzen und Spielräume sich für die Städte als intermediäre Gewalten in und unter dem frühmodernen Territorialstaatsprinzip ergaben, beschrieb GERHARD OESTREICH, dessen richtungweisende Arbeiten zu Geist und

Marginalia:

Kirchliche und politische Integrationen seit Ausgang des 16. Jahrhunderts

Die nachkonfessionalistische Zeit

Kirchliche und kulturelle Differenzierung durch staatliche Toleranzpolitik

Stadt als intermediäre Gewalt

G. OESTREICH über die frühneuzeitliche Stadt

Struktur der Frühen Neuzeit ansonsten auffallend wenig zu den Städten enthalten, in einem ersten Überblick im „Gebhardt" [„Wandel der Stadtverfassung zwischen Ständestaat und Absolutismus", in: Handbuch zur deutschen Geschichte, Bd. 2, 9. Aufl. Stuttgart 1970, 426–436]. Dagegen enthält das Handbuch „Deutsche Verwaltungsgeschichte" [Hrsg. v. K. JESERICH u.a., 6 Bde., Stuttgart 1983 ff.] zwar für das späte Mittelalter [Bd. I, 177–187, von G. DROEGE], nicht aber für die Frühe Neuzeit, einen eigenen Paragraphen zur Stellung der Städte und fällt damit hinter den stadtgeschichtlichen Forschungsstand der letzten Generation zurück. Das Kapitel „Territoriale Staatsbildung" [Bd. I, 279–467] bringt nichts zur Stellung der Städte im Territorium; von den einzelnen Territorialgeschichten haben nur C. LINK/Österreich, K. KRÜGER/Schleswig-Holstein und T. KLEIN/Kursachsen einen eigenen Absatz zu den Städten, dazu gibt es einen kurzen Paragraphen zu den Reichsstädten [von W. HERBORN, 658–679]. In den Rechts- und Verfassungsgeschichten findet sich bei HERMANN CONRAD ein eigener Abschnitt zu „Städte und Gemeinden" innerhalb des frühmodernen Staates. Hier werden einerseits die absolutistischen Eingriffe in die „verschiedenen Zweige der städtischen Regierung und Verwaltung" skizziert und quellenmäßig belegt, unter anderem aus dem preußischen Allgemeinen Landrecht, wo „Stadt" definiert ist als „eine Staatsanstalt, welcher der Staat zur besseren Erreichung des Staatszweckes die Eigenschaft einer ,privilegierten Korporation' beigelegt hat" [nach ALR II 8, § 108]. Andererseits treten aber auch die regionale Differenzierung deutlich hervor sowie die erfolgreiche Behauptung einer mehr oder weniger großen „kommunalen Selbstverwaltung ... dort, wo die Städte wirtschaftlich stark waren oder der Staat an der Entwicklung der Städte im Interesse seiner Wirtschaftspolitik interessiert war" [Deutsche Rechtsgeschichte, Bd. 2, Karlsruhe 1966, 269 f.] Kaum etwas zu dem Thema findet sich bei H. BOLDT [Deutsche Verfassungsgeschichte, Bd. 1, München 1984, 208 ff., 228 f.], während D. WILLOWEIT [Deutsche Verfassungsgeschichte, München 1990] zwar dem mittelalterlichen, nicht aber dem frühneuzeitlichen Städtewesen einen eigenen Paragraphen widmet. Angesichts dieser Forschungslage sind die stadtgeschichtlichen Schneisen um so willkommener, die E. SCHUBERT in seinen richtungweisenden Überlegungen „Ständische Repräsentationen in niedersächsischen Territorien der frühen Neuzeit" schlägt: Vor allem seinen Ausführungen zur spezifischen Situation in Norddeutschland ist weite Beachtung zu wünschen [204a, 4f., 24ff., 32f.].

Das Handbuch zur deutschen Verwaltungsgeschichte

Die Rechtsgeschichte von H. CONRAD

Vernachlässigung des Themas in den jüngeren Verfassungsgeschichtlichen Synthesen

Zu den realen politischen, verwaltungsmäßigen, wirtschaftspolitischen, sozialen und kulturellen Verhältnissen und Möglichkeiten der Städte unter dem Absolutismus gibt es noch keine zusammenfassende Darstellung. Einen ersten Überblick vermittelt die vorzügliche Skizze von EDITH ENNEN [24: Abhandlungen, Bd. II, 155–175]. Ansonsten ist man auf verstreute Einzelfallstudien recht unterschiedlicher Qualität angewiesen: etwa EDITH ENNEN zu den Saar-Städten [24: Abhandlungen, Bd. I, 17–41], KARLHEINZ BLASCHKE, RICHARD DIETRICH und GERD HEINRICH zu Sachsen und Brandenburg, GÜNTER CHRIST zu Altbayern [in: 51: RAUSCH, Stadt bzw. 52: RAUSCH, Städte], KLAUS FLINK zum Herzogtum Kleve [in: 209: STOLLEIS, Recht], KARL GUTKAS zu Österreich, WOLFGANG LEISER zu den süddeutschen Kleinstaaten [beide in: 48: PRESS, Merkantilismus] sowie – mit Hauptakzent auf der Wirtschaft und der Wirtschaftspolitik – WILHELM STROMER zu Altbayern [in: 52: RAUSCH, Städte], GERD HEINRICH und RICHARD DIETRICH zu Preußen und Kursachsen [in: 48: PRESS, Merkantilismus]. Mit speziellen, aber für den Wandel im Zeichen des frühmodernen Macht- und Flächenstaats besonders signifikanten Problemen befassen sich die Untersuchungen zu den Festungsstädten (vgl. oben II, 2) und zu den Städten an der Grenze [175: KIRCHGÄSSNER/KELLER, Grenze].

Einzelfallstudien zur Beziehung Stadt–Territorialstaat

Liest man diese Beiträge mit komparatistischem Blick, so fallen als erstes deutliche Unterschiede auf in der Verteilung von „Staatseingriffen" einerseits und städtischen Handlungsspielräumen, ja Semi-Autonomie andererseits. Darin spiegelten sich sicherlich Unterschiede im historischen Befund, der von Territorialstaat zu Territorialstaat und von Städtelandschaft zu Städtelandschaft variiert. Zu einem nicht unbeträchtlichen Teil wird das aber auch eine Folge unterschiedlicher Perspektiven und methodischer Zugänge der einzelnen Stadthistoriker sein. Allgemein herrscht noch deutlich die rechts- und verfassungsgeschichtliche Sicht vor (LEISER und FLINK v. a.), während sozialgeschichtliche oder gar systemanalytische Ansätze ganz selten sind. Hier wird die vergleichende Stadtgeschichte, die in Deutschland bislang nur beschworen, aber kaum betrieben wird, anzusetzen haben: Welche Selbststeuerung und Behauptungskraft besaßen städtische und regionale Eliten? Welche Spielräume ergaben sich aus den infrastrukturellen und logistischen Grenzen selbst der großen „absolutistischen" Staaten für die Städte? Was bedeutet es konkret und in welcher Differenzierung für die einzelnen Territorien und Städtelandschaften, daß auch und gerade unter den neuen, vom Staat gesetzten Rahmenbedingungen „Territorium und

Desiderat: vergleichende Stadtgeschichte

Stadt aufeinander angewiesen" waren [HUBATSCH, in: 48: PRESS, Merkantilismus 36]?

G. HEINRICH: Der brandenburgisch-preußische Befund

Diesen und ähnlichen Fragen gehen nur die besten der erwähnten Fallstudien nach, ein komparatistisches Konzept fehlt ihnen allen. Am entschiedensten wird der bereits bei FRITZ HARTUNG zu lesende Satz, daß der „Absolutismus" vor den lokalen Obrigkeiten haltgemacht habe, von GERD HEINRICH als neuer Problemhorizont ernstgenommen, und zwar bemerkenswerterweise für Brandenburg-Preußen. Aufs Ganze gesehen, so sein Ergebnis, sei eindeutig, „daß die Städte insgesamt Nutznießer einer anfänglich hart durchgreifenden, auch fehlgreifenden, dann einer kontinuierlich-pragmatischen Reformpolitik gewesen sind, deren Hauptmotiv die Erhöhung des Nationaleinkommens als Fundament des Staates und des Gemeinwohls gewesen ist. [...] Eine besondere ‚bürgerliche' Welt der Stadtbewohner blieb unter den absolutistischen Herrschern selbst dort erhalten, wo Elemente der agrarischen Sphäre vordergründig dominant waren. Nicht Deformierung durch einen ‚feudalabsolutistischen Klassenstaat', sondern die Reformierung bürgerlicher Lebens- und Wirtschaftsverhältnisse ist ... erreicht worden. [...] Unaufhaltsam vollzog sich nun – neben den anwachsenden Unterschichten – der Aufstieg des ‚Bürgertums', nachdem der ‚moderne' Verwaltungs- und Militärstaat des 18. Jahrhunderts hierfür wesentliche administrative Substitutionen und ökonomische Subventionen bereitzustellen vermocht hatte" [in: 52: Rausch, Städte, 168].

b) Zu Charakter und Ausmaß städtischer Verwaltung und Ordnungspolitik

SCHORN-SCHÜTTE: „Von der freien zur beauftragten Selbstverwaltung"

Dieselbe differenzierende Beurteilung findet sich in einer kleinen, noch von GERHARD OESTREICH angeregten Studie zum Schicksal der städtisch-ratsherrlichen Selbstverwaltung im frühneuzeitlichen Staat: Am Beispiel der bis zu Beginn des 17. Jahrhunderts politisch und administrativ weitgehend unabhängigen Autonomie- und Hansestädte Osnabrück und Göttingen analysierte LUISE WIESE-SCHORN, heute SCHORN-SCHÜTTE, in der Langzeitperspektive von etwa 1400 bis 1700 den „Wandel von der *freien* (oder eigenrechtlichen) zur *beauftragten* Selbstverwaltung". „Die Selbstverwaltung der Stadt des Mittelalters" – so das Fazit – „wird durch die sich ausbildende Zentralverwaltung des Territorialstaates zwar als autonome aufgelöst, der Landesherr wird zum Auftraggeber; Selbstverwaltung bleibt aber im Rahmen der nunmehr gesteckten Grenzen die typische

Form der Wahrnehmung innerstädtischer Ordnungsfunktionen." Die „städtische Normsetzungsbefugnis – Grundlage jeglicher Autonomie gegenüber dem Stadtherrn – wurde in Inhalt und Form verwandelt in zentrale Rechtsetzung, in deren Auftrag die Verwaltung allerdings weitgehend in den überkommenen Institutionen wahrgenommen wurde". Voraussetzung war der bereits im späten Mittelalter einsetzende qualitative Wandel des Magistrates zu einer städtischen Obrigkeit (vgl. I, 3). „Das Bedürfnis der Zentralisierung von Entscheidungs- und Ordnungsbefugnissen, wesentliches Merkmal der Strukturveränderungen vom mittelalterlichen Personenverbandstaat zum institutionalisierten Flächenstaat der Frühen Neuzeit, wurde durch intensivierte Ausbildung von Stadtobrigkeit aufgrund funktionaler, aber auch sozialer Selektionsprozesse adäquat beantwortet. Beauftragte Selbstverwaltung und Stadtobrigkeit bedingten sich somit" [211: WIESE-SCHORN, Selbstverwaltung, Zitate 30, 57]. – Die bislang nicht geführte Auseinandersetzung mit diesem Begriffs- und Modellvorschlag hätte vor allem die *Terminologie* und die *Verallgemeinerbarkeit* der Beispiele zu diskutieren. Göttingen und Osnabrück waren Sonderfälle, die nicht zuletzt aufgrund spezifischer territorial-geschichtlicher Voraussetzungen eine stärkere Stellung bewahren konnten [zu Osnabrück CHRISTINE VAN DEN HEUVEL, in: 209: STOLLEIS, Recht, 159–172]. Läßt sich, so ist zu fragen, das Modell „beauftragter Selbstverwaltung" auf Kleinstädte, zumal in den Machtstaaten (Brandenburg-Preußen, aber auch Sachsen, Bayern), übertragen? Bei der Terminologie wäre zu beachten, daß das traditionelle Ratsregiment nicht nur „Verwaltung", sondern auch und vor allem „Herrschaft" bedeutete. Nach der Integration in den Territorialstaat ging die herrschaftliche Qualität verloren, Rat bzw. Magistrat waren *sekundäre* Obrigkeit unter der außerstädtischen Primärobrigkeit des Souveränitätsträgers. Der Wandel war somit komplexer, und das sollte auch terminologisch zum Ausdruck kommen.

Elemente einer bislang versäumten Forschungsdiskussion

Als Träger sekundärer Obrigkeit nahmen die Landstädte nicht anders als die Reichsstädte, unter primärer Ratsherrschaft an der explosionsartigen Ausweitung administrativer und sozial-reglementierender Aktivitäten teil, die als „Policey und Prudentia civilis" [46: OESTREICH, Strukturprobleme, 367–379] dem Gemeinen Besten der städtischen wie der territorialen Gesellschaft galten. Wichtige Impulse setzten dabei Reformation und Konfessionalisierung (II, 4), insofern sie mit Schule, Erziehung, Ehe und Familie sowie Sozial- und Altenfürsorge wichtige, bislang zumindest teilweise in

Ausweitung der städtischen Verwaltung

kirchlicher Kompetenz liegende Bereiche an die Magistrate über-
führten und durch Säkularisation des Kirchengutes deren Finanzho-
heit ausweiteten [SCHINDLING, in: 277: SYDOW, Bürgerschaft, 67–88,
176–179]. Neben den „klassischen" Ansätzen städtischer Verwaltungsgeschichte [etwa bei POSTEL und QUARTHAL, in: 209: STOLLEIS,
Recht, 91–108 bzw. 217–240] und Untersuchungen zur Finanzwirtschaft [181: V. LOOZ-CORSWAREM, Köln; 7: BÁTORI, Augsburg; 182
MASCHKE/SYDOW, Haushalts- und Rechnungswesen, v. a. HILDE-
BRANDT, 91–107] stehen in der jüngeren Forschung zunehmend so-
zialwissenschaftlich geleitete gesellschaftsgeschichtliche Zugänge
wie das Konzept der „Sozialregulierung"/„Sozialdisziplinierung"
(G. OESTREICH) oder die historische Kriminalitätsforschung.

Neue Zugänge

Das Spannungsfeld, in dem sich dieser sozialpsychologische
Grundvorgang frühmoderner Urbanisierung vollzog, hat bereits
GERHARD OESTREICH umrissen, indem er diese Aktivitäten der Stadt-
räte als Doppelstrategie beschrieb, nämlich als Disziplinierung
durch Sanktionierung und Strafen einerseits und als sanfte Einbin-
dung und Umformung des Verhaltens andererseits, etwa im Rahmen des Fürsorgewesens oder auch der notwendigen Identifizierung
und Selbstdisziplin der ansteigenden Zahl städtischer Bediensteter
[46: OESTREICH, Strukturprobleme, 367–379]. Die Debatte um die
städtische Sozialdisziplinierung wird teils mit der in den letzten Jahren intensiv betriebenen Erforschung der städtischen Armen- und
Sozialfürsorge verbunden [MARTIN DINGES und ROBERT JÜTTE, in:
Geschichte und Gesellschaft, 17, 1991, 5–29, 92–101; 173: JÜTTE,
Armenfürsorge; 208: STIER, Fürsorge]. Teils berührt sie sich mit den
Forschungen zur frühneuzeitlichen Kirchenzucht (vgl. II, 4b), wobei
es neben den funktionalen Gleichheiten auch um die Bestimmung
des jeweils Eigentümlichen in der städtisch-zivilen Disziplinierung
und der kirchlichen Sündenzucht geht [H. SCHILLING, „History of
Crime" or „History of Sin", in: E. J. KOURI/T. SCOTT (Hrsg.), Politics and Society, London 1987, 289–310]. Eine zeitliche und systematische Erweiterung der Perspektive ergibt sich in den Forschungen von PAUL MÜNCH zur Entstehung der „bürgerlichen Tugenden". Hier geht es nicht mehr primär um die alteuropäische Stadt
und ihre Gesellschaft, sondern um die Universalisierung der dort im
Rahmen der Sozialdisziplinierung und Kirchenzucht herausgebilde-
ten Normen und Verhaltensweisen zu *den* bürgerlichen Tugenden
der Moderne. Greifbar wird hier darüber hinaus die Universalisierung der ursprünglich städtischen „Policey" in den allumfassenden
Reglementierungen des modernen Verwaltungs- und Fürsorgestaa-

Das Konzept der Sozialdisziplinie-rung

Sozialfürsorge und Sozialdisziplinie-rung

P. MÜNCH: Zur Entstehung „bürgerlicher Tugenden"

Das Ideal umfas-sender Verwaltung und Fürsorge

tes, der – wie es in einer der von Münch zusammengetragenen Quellen aus dem späteren 18. Jahrhundert heißt – „für richtige Gewichte, wohlfeile Preise, gute Waaren, wohlschmeckende Victualien, Reinlichkeit und Zierde der Oerter" sorgen muß sowie für „gutes Bier und Brod ...", woran die Arbeiter sich bey ihrem Fleisse erquicken können" [abgedruckt in: 186: MÜNCH, Ordnung, 169].

In einem großen, analytisch wie synthetisch gleichermaßen überzeugenden Wurf nutzt die Bielefelder Dissertation von GERD SCHWERHOFF die Geschichte der Kriminalität im frühneuzeitlichen Köln „als Sonde, um ... Aufschlüsse über Herrschaftstechniken und Machtmöglichkeiten einer städtischen Obrigkeit, über soziale Konflikte und über mentale Verhaltensdispositionen der städtischen Bevölkerung zu gewinnen [206: Köln, 442]. Die stichprobenhafte Auswertung der Kölner „Turmbücher", die mehrere tausend Kriminalfälle zwischen 1568 und 1612 erfaßt, zeigt einerseits die städtische Obrigkeit in einer Offensive zur Eingrenzung und Sanktionierung von Devianz, und zwar insbesondere der politischen und religiösen. Andererseits werden aber auch die Grenzen der Eingriffs- und Regulierungsmöglichkeiten offenkundig. Insgesamt gesehen, sieht Schwerhoff „gegenüber Akkulturations- oder Disziplinierungstheoremen" prinzipielle Skepsis angebracht – wegen „riesiger Vollzugsdefizite", wegen der Rolle „gesellschaftlicher Instanzen im Gefüge der frühneuzeitlichen Strafrechtspflege", schließlich wegen des breiten Konsenses zwischen Obrigkeit und Bürgern „über die legitimen Formen" der Herrschaftsausübung [206: Köln, 445f.].

G. SCHWERHOFF: Kriminalgeschichte als städtische „Totalgeschichte"

Einen neuen Themenbereich machen städtische Umweltprobleme und deren Bekämpfung durch obrigkeitliche Verordnungen aus [etwa BERND SCHNEIDMÜLLER und GÜNTER BAYERL, in: 13: CALLIESS, Umwelt; MARIE-ELISABETH HILGER, in: Die alte Stadt 11 (1984) 112–138; J. SYDOW (Hrsg.), Städtische Versorgung und Entsorgung, Sigmaringen 1981]. Die alteuropäische Stadt erscheint offensichtlich besonders geeignet, der sich herausdifferenzierenden „Umweltwissenschaft" die notwendige historische Dimension zu geben.

Stadt und Umwelt

c) Die Stadt und die Formierung des frühmodernen Reichssystems

Die Situation der Reichsstädte im spätmittelalterlichen und frühneuzeitlichen Formierungsprozeß des Reiches ist Gegenstand sowohl allgemein reichsgeschichtlicher Darstellungen als auch stadtgeschichtlicher Spezialuntersuchungen. Im Vordergrund steht die

Reichsstädte im Formierungsprozeß des Reiches

rechts- und verfassungsgeschichtliche Position und deren Veränderung von der offenen Situation auf den spätmittelalterlichen Hof- und Reichstagen, in der die Städte kaum eindeutige Rechte besaßen und sich daher nur sehr vorsichtig bewegen konnten, hin zur Verfestigung der Reichsstandschaft und entsprechend gesicherter Mitwirkungsansprüche seit den Reichstagen des frühen 16. Jahrhunderts [172: ISENMANN, Reichsstadt; 179: LAUFS, Reichsstädte; 178: LAUFS, Einheit; zum Spezialproblem neuzeitlicher Territorialbildung durch die Reichsstädte selbst vgl. 180: LEISER, Territorien].

T. A. BRADY: Die oberdeutschen Reichsstädte und die politische Kultur der Deutschen

Der gegenwärtige Diskussionsstand wird repräsentiert durch die drei gewichtigen Monographien von THOMAS A. BRADY, GEORG SCHMIDT und HEINRICH RICHARD SCHMIDT. Die sachlich-historisch weiteste Perspektive, geographisch allerdings auf Oberdeutschland begrenzt, nimmt Bradys Buch ,,Turning Swiss" [154] ein. Denn sein Gegenstand ist die ,,deutsche Frage, das heißt der Gang der neueren deutschen Geschichte, speziell die sie prägende politische Kultur". Brady geht von der These aus, daß hierzu in der Phase zwischen 1450 und 1550 die entscheidenden Weichen gestellt wurden, und zwar nicht zuletzt durch die Option der oberdeutschen Reichsstädte. Diese standen vor der Alternative des ,,Schweizer Werdens", das heißt eine ,,Föderation von autonomen Stadtrepubliken mit angeschlossenen Bauernbünden nach Schweizer Vorbild" zu formen, oder des Einschwenkens in den monarchischen Weg, das heißt der Allianz mit dem Habsburger Kaiser gegen den ,,Gemeinen Mann" auf dem Lande und in der eigenen Stadt. Indem die reichsstädtischen Oligarchien die zweite Alternative wählten, schien sich das westeuropäische Muster einer antifeudalen Interessensgemeinschaft zwischen Krongewalt und Bürgertum auch in Mitteleuropa anzubahnen. Verhindert wurde das schließlich nach Brady nicht durch den Bauernkrieg (eine in stadtgeschichtlicher Perspektive sehr zu begrüßende Entmystifizierung des Jahres 1525!), sondern durch den Keil, den die Reformation zwischen überwiegend protestantisch optierende Städte und katholische Habsburger trieb. Am Ende stand weder der ,,Schweizer" noch der ,,Habsburger", sondern der ,,Deutsche Weg des aristokratischen Partikularismus". Das ist ein großer Entwurf, der durch die stringente gesamtgeschichtliche Interpreta-

Stadtgeschichte in gesamtgeschichtlicher Absicht

tion der nur zu häufig isoliert diskutierten Stadt-, Reformations-, Kaiser- und Verfassungsgeschichte besticht. Das Buch sollte die Debatte um Chancen und Versäumnisse, um Leistung und Versagen des deutschen Bürgertums neu eröffnen, die vor allem im Ausland häufig unsachgemäß auf das 19. und 20. Jahrhundert begrenzt bleibt. Dabei wird man die Grundannahmen zu prüfen haben: Gab es um 1450/1500 tatsächlich noch die angenommene Alternative in der deutschen Verfassungsentwicklung? Sind die oberdeutschen Reichsstädte wirklich das entscheidende „Zünglein an der Waage gewesen"? Sind nicht auch und gerade die Verhältnisse im Norden des Reiches zu berücksichtigen, für den ins Feld geführt wurde, daß dort die Freiheits- und Autonomietradition des Bürgertums breiter angelegt (vgl. I,3) und die ökonomische und soziale Dynamik der Neuzeit angesiedelt war? Wäre somit – aufs Ganze gesehen – nicht ein zeitlich, räumlich und sachlich breiter gefächertes Faktorenbündel notwendig, um die Bedingungen des „deutschen Wegs in die Neuzeit" im allgemeinen zu erfassen und die Rolle von Stadt und Bürgertum im speziellen zu bestimmen? *Offene Probleme*

„Reichsstädte, Reich und Reformation" von HEINRICH RICHARD SCHMIDT [201] behandelt thematisch wie zeitlich das Kernstück der Bradyschen Interpretation, nämlich die reichsstädtische Reformations- und Reichspolitik zwischen dem Wormser und dem zweiten Speyrer Reichstag, die Epoche also, in der die von Brady skizzierte verfassungs- und gesellschaftsgeschichtliche Alternative zerbrach, weil die Städte sich schließlich zur Sicherung ihres Protestantismus zur Allianz mit den Fürsten gezwungen sahen. Weiterführend ist dieses Buch vor allem durch die programmatische und zugleich quellennahe Behandlung der Wechselwirkungen zwischen innerstädtischem Reformationsgeschehen (notwendigerweise exemplarisch erfaßt) und dem korporativen Handeln der Städte auf den Städte- und Reichstagen [hierzu auch 220: BRECHT, Politik]. In vielen wichtigen Teilproblemen (etwa genossenschaftlich-gemeindliche und ratsherrlich-obrigkeitliche Elemente der Stadtreformationen, Rolle des Zwinglianismus) ist das Buch ein wichtiger Beitrag zum Forschungsparadigma „Stadt und Reformation" (II,4). Für die sich wandelnde Stellung der Städte innerhalb des sich formierenden Reiches wird die These aufgestellt, daß die Reichsstädte auf den Reichstagen „korporativ den gemeinen Mann (vertraten), zu seinem Sprachrohr und Fürsprecher wurden. [...] Die Untertanen hatten in der dritten Kurie eine ‚Lobby' [201: Reichsstädte, 334]. Damit wurde die Reformation gesichert, verfassungspolitischen Nutzen zogen aber weder die Städte noch der „gemeine Mann" daraus. Am Ende waren nach SCHMIDT „die Städte ... Opfer der Reformation", weil sie die schwächeren Partner einer antikaiserlichen Koalition" mit den ansonsten ungeliebten Fürsten geworden waren [201: Reichsstädte, 334f.]. Welche negativen Konsequenzen sich für die *H. R. SCHMIDT: Die Reichsstädte zwischen Reformation und Reichspolitik* *Die Städte als Opfer der Reformation*

oberdeutschen Reichsstädte daraus ergaben, wird in mehreren Beiträgen zum Schmalkaldischen Bund und Krieg deutlich, die in anderer Hinsicht allerdings kontrovers sind [T. A. BRADY, in: ARG 74
(1983) 163–181; G. SCHMIDT, in: V. PRESS/D. STIEVERMANN (Hrsg.),
Martin Luther, Stuttgart 1986, 177–218; 202: H. R. SCHMIDT,
Schmalkaldischer Bund. Mit anderer Perspektive: 241: JAHNS,
Frankfurt].

Offene Fragen   Aus seinem oberdeutschen Befund zieht H. R. Schmidt einige
allgemeingeschichtliche und religionssoziologische Verallgemeine-
rungen, die der Diskussion bedürfen, so die im Präsens, also als all-
gemeingültiges Faktum, formulierte These „die Gemeindereformation trägt zwinglische Züge", oder die Dichotomisierung zwischen
‚lutherischem Quietismus und zwinglisch-oberdeutschem Aktivis-
mus', die seit 1529 die städtische Politik geleitet habe [201: Reichsstädte, 335]. Der norddeutsche Befund steht dem entgegen. Wie eine
inzwischen umfangreiche Literatur belegt [vgl. nur die Zusammen-
stellung bei 248: MOELLER, Reichsstadt, 90–94], haben dort die
Städte noch über Jahrzehnte hin eine aktivistische Politik betrieben,
und zwar unter lutherischem Vorzeichen [oben I, 3; MÖRKE, in: 21:
W. EHRBRECHT/H. SCHILLING, Niederlande, 219–244; W.-D. HAU-
SCHILD, in: Zeitschrift für Kirchengeschichte 84 (1973) 60–81;
MÖRKE, in: 158: BULST/GENET, La Ville, 316f.]. Zudem wurde im
Umkreis des Schmalkaldischen Bundes eine wohl kaum als „quieti-
Luthertum und stisch" zu charakterisierende Widerstandsdiskussion ausgelöst, an
städtischer Wider- der sich auch und gerade die Städte und das Bürgertum beteiligten,
stand ungeachtet der von REINHART KOSELLECK herausgestellten Tatsache,
daß Luther selbst „mittelbare Städte" vom Bund und vom Wider-
standsrecht ausschloß. Im Lichte der jüngeren Stadtgeschichtsforschung läßt sich allerdings nicht mehr sagen, Luther habe damit
eine zu diesem Zeitpunkt noch nicht vorhandene „reichsrechtlich
scharfe Trennungslinie theologisch ausgezogen" [Geschichtliche
Grundbegriffe, Bd. 1, Stuttgart 1972, 606]. Denn Luther befand sich
hiermit in deutlichem Gegensatz zur politischen Realität in den
lutherischen Städten im Nordwesten und an der Ostseeküste. Be-
kanntlich war es in der lutherischen „Nicht-Reichsstadt" Magdeburg, und nicht in einer oberdeutschen Reichsstadt oder im zwingli-
schen Zürich, wo Mitte des Jahrhunderts die Grundlagen der später
im Calvinismus ausgebauten Widerstandslehre gelegt wurden [zu-
letzt W. SCHULZE, in: 218: BLICKLE/LINDT/SCHINDLER, Zwingli,
199–216]. Zugespitzt ließe sich konstatieren, daß es gegenwärtig ein-
facher zu sein scheint, aus norddeutscher, lutherischer, als aus ober-

deutscher, zwinglischer Perspektive stadt- wie allgemeingeschichtlich den jeweils anderen Befund aufzunehmen und in einen differenzierten Interpretationssatz für das Gesamtreich einzubauen.

In der breit angelegten Untersuchung des „Städtecorpus", das
heißt der im Städtetag vereinigten Reichsstädte (insgesamt 69 Kommunen) und dessen Politik zwischen 1495 und 1546 von GEORG
SCHMIDT [199: Städtetag] sind die norddeutschen Verhältnisse mit-
berücksichtigt, und zwar ausführlicher als es die kleine Zahl norddeutscher Mitglieder (Lübeck, Goslar, Mühlhausen, Nordhausen;
dazu Köln, Aachen, Dortmund im Nordwesten) erwarten ließe. Das
hängt nicht zuletzt mit dem Ansatz des Buches zusammen, das Ge-
samtgeschehen der Epoche aus der Perspektive der Städte zu schil-
dern – die Formierung der Territorialverfassung und des frühneuzeitlichen Reichssystems ebenso wie die Reformation. Dabei setzt
SCHMIDT insbesondere dadurch einen neuen Akzent, daß er der
These entgegentritt, Reformation und konfessionelle Spaltung habe
auch die ständisch politische Solidarität der Reichsstädte zerstört
[199: Städtetag, 478, 534 gegen T. A. BRADY, in: Church history 42
(1973) 202] – eine Sicht, die ihrerseits BERND MOELLER wieder in
Zweifel zieht [ZHF 14 (1987) 97]. Verfassungs- und reichspolitisch
zeigen sich die Städte aus der Perspektive der Städtetage einerseits
als durchaus bedeutende und dynamische Faktoren innerhalb des
Formierungsprozesses des frühneuzeitlichen Reiches – bei den
Reichsfinanzen, der Münz- und Wirtschaftspolitik ebenso wie beim
Landfrieden, der Policeygesetzgebung und der Gerichtsordnung
(Kap. 5). Andererseits wird aber auch deutlich, daß „die Städte die
Hürde ihrer minderen ständischen Dignität nicht überspringen"
und nie „eine wirkliche Gleichberechtigung mit den anderen Stän-
den erreichen" konnten (289). Das gilt selbst für die Zeit nach 1648,
obgleich im Westfälischen Frieden der lange Kampf um das volle
Stimmrecht der Reichsstädte endlich siegreich abgeschlossen worden war [zu diesbezüglichen Rechtsgutachten E. ISENMANN, in:
R. SCHNUR (Hrsg.), Die Rolle der Juristen bei der Entstehung des
modernen Staates, Berlin 1986, 618 ff.].

Aufs Ganze gesehen läßt G. SCHMIDT aber keinen Zweifel, daß
er in der korporativen Politik der Städtetage eine funktionale Anpassung an die sich wandelnden Rahmenbedingungen sieht. Das
Städtecorpus ist für ihn ein Phänomen des sich teilmodernisieren-
den Reiches. Dem entspricht seine Beobachtung, daß der Städtetag
zu der im ersten Teil geschilderten „Dichotomisierung" zwischen
Reichsstädten und „Nicht-Reichsstädten" und der Ausgrenzung der

G. SCHMIDT: Der
Städtetag im Refor-
mationszeitalter

Kraftvolle Städte-
politik trotz religiö-
ser Spaltung

Die mindere ständi-
sche Dignität als
reichspolitische
Hürde

Zu den Rechtsgut-
achten über das
reichsstädtische
Stimmrecht

letzteren zu frühneuzeitlichen Landstädten (I,3) beitrug [Haltung gegenüber Minden und Braunschweig, 199: SCHMIDT, Städtetag, 229].
Allerdings zeigt sich dieser Prozeß auch aus der Perspektive korporativer Städtepolitik als langgestreckt und komplex. In einem flan-
kierenden Aufsatz über „Städtetag, Städtehanse und frühneuzeitliche Reichsverfassung" [in: 209: STOLLEIS, Recht, 41–62] zeigt G.
SCHMIDT, daß es seit 1555 mehrere Versuche des Reichsstädtecorpus

Hansebund und
reichsstädtisches
Corpus – ein Ver-
gleich

gab, mit dem 1557 reorganisierten „und in gewisser Weise der
Struktur des Städtecorpus angenähert(en)" Hansebund politisch zu-
sammenzuarbeiten. Die Hanse zeigte jedoch kein Interesse, wo-
durch das norddeutsche Bürgertum „von der Reichspolitik ... abgekoppelt (blieb), obwohl diese auch für die nördlichen Reichsgebiete
schnell an Bedeutung gewann". Ökonomisch war dieses Desinteresse verständlich, politisch besiegelte es die reichsrechtliche Abschichtung des norddeutschen Städtewesens, dessen Manko, „im
Gegensatz zum Städtecorpus ... keine Anerkennung als Reichskor-
poration gefunden zu haben", sich später nicht mehr korrigieren
ließ [Zitate: SCHMIDT, in: 209: STOLLEIS, Recht, 47 f.]. – Noch vor
dem gescheiterten „Schweizer Werden" (BRADY) der süddeutschen
Städte war dies die entscheidende politische Schwächung des frühneuzeitlichen deutschen Bürgertums, weil es seinen sozial und ökonomisch dynamischen und modernisierenden nord- und nordwest-
deutschen Teil betraf.

Eingreifen des
Kaisers in die
Reichsstädte

Die Forschung hat jüngst darauf aufmerksam gemacht, daß die
Festigung der Position der Reichsstädte in der Reichsverfassung in
gleichsam dialektischer Verschränkung einherging mit einer zuneh-
menden Tendenz des Kaisers, als Oberhaupt des Reiches in die
inneren Religions- und Verfassungskonflikte einzugreifen, so
MATTHIAS MEYN [183: Reichsstadt] zu Frankfurt mit Betonung der
sozial- und gesellschaftsgeschichtlichen Zusammenhänge; WALTER
SCHMITZ [203: Verfassung] zu Aachen unter vorrangig konfessions-
geschichtlicher Perspektive; schließlich EBERHARD NAUJOKS [188:
Zunftverfassung] in einer kommentierten Quellenedition zu den von
Karl V. erzwungenen Verfassungsänderungen in den oberdeutschen
Reichsstädten, die eine notwendige Erweiterung der Perspektive
bringt, insofern sie nicht nur die prominenten Fälle Augsburg und
Ulm dokumentiert, sondern die Vorgänge in allen 29 betroffenen
Städten. Abgesehen von den zuletzt genannten Beispielen waren
meist Gegensätze und Konflikte zwischen Rat und Bürgerschaft An-

O. BRUNNER: Das
Souveränitätspro-
blem

laß der kaiserlichen Intervention. Am Beispiel Hamburgs hat OTTO
BRUNNER in einem richtungweisenden Aufsatz herausgearbeitet,

daß solchen Konflikten verfassungsgeschichtlich gesehen das „Souveränitätsproblem" [156] zugrunde lag, das heißt die Frage, wo die neuzeitliche Souveränität innerhalb der Stadtrepubliken lag – beim Rat oder bei der Bürgerschaft. (Vgl. dazu auch unten 3c, vor allem die Arbeiten von H. ZÜCKERT). Hieran anknüpfend wurde jüngst gezeigt, daß sich im Laufe des 18. Jahrhunderts allgemein die Auslegung einer gemischten Herrschaft – beim Rat *und* bei der Bürgerschaft – durchsetzte, und zwar nicht zuletzt durch entsprechenden Druck von seiten der kaiserlichen Kommissare [198: SCHILLING, Republikanismus, 119]. EBERHARD ISENMANN sieht in diesem reichsrechtlich begründeten Eingreifen des Kaisers in die reichsstädtische Verfassungsstruktur und der darin zum Ausdruck kommenden Stadtherrschaft des Kaisers die wichtigste, „mit der Zeit immer bedeutungsvollere Differenz zwischen den Schweizer Städten und den deutschen Reichsstädten" [in: 151: BLICKLE, Landgemeinde, 259].

Reichsstädte und Schweizer Städte

Die Tätigkeit der kaiserlichen Deputationen, die häufig über Monate oder gar Jahre hin verhandelten, und zwar gelegentlich auch in Landstädten (etwa im ostfriesischen Emden), historisch-vergleichend aufzuarbeiten, ist ein Forschungsdesiderat. Neben der „großen" Verfassungsfrage und der Rolle für den Judenschutz [231: FRIEDRICHS, Worms, 83, 151] wären dabei auch die vielen konkreten Einzelentscheidungen zu berücksichtigen, wie zum Beispiel die Bestimmung im Hamburger Haupt-Rezeß von 1712, die dem Rat auferlegte, „sichere Mittel und Wege vorzuschlagen, um der Verunreinigung des Wassers in der Kleinen Alster durch das Kattundrucken und -spülen abzuhelfen" [(GÜNTER BAYERL, in: 13: CALLIESS, Umwelt, 81].

Ein Desiderat vergleichender Städtegeschichte

d) Die Debatte über die „politische Kultur" des frühneuzeitlichen Bürgertums

Das in sich differenzierte Forschungsfeld „politische Kultur" der frühneuzeitlichen Städte setzt einerseits die mit Kommune- und Bürgerbewegung befaßte Linie der mittelalterlichen Stadtgeschichte fort und berührt sich darin mit der alteuropäischen „Unruhe"-Forschung [150: BLICKLE, Unruhen]. Andererseits ist es komplementär zu dem eben beschriebenen Forschungsfeld „Stadt und frühmoderne Staatsbildung", insofern nämlich der damit bezeichnete institutionelle und rechtliche Wandel die Konfrontation zweier antagonistischer Ordnungskonzepte einschloß – „Territorialismus" gegen „Stadtrepublikanismus" oder „Kommunalismus". In gewisser

Die politische Kultur als Forschungsfeld

Weise berührt es sich auch mit dem Paradigma „Stadt und Reformation" (II,4), das spätestens seit BERND MOELLER nach der Affini-
tät zwischen reformatorischem Gemeindechristentum oder Gemeindereformation und gemeindlich-genossenschaftlicher Politikkultur
in den Städten fragte [248: MOELLER, Reichsstadt; 197: SCHILLING,
Konfessionskonflikt, 93 und passim; SCHILLING, in: 251: MOMMSEN,
Stadtbürgertum, 239, 247, 259, 303].

Jüngst kam THOMAS BRADY in einer scharfsichtigen Kritik der
deutschen Historiographie auf der Basis süddeutscher Beispiele zu
dem Urteil, die deutsche Stadtgeschichte habe den Anschluß an die

T. A. BRADY: Kritik
an der „Wortbeses-
senheit" deutscher
Stadthistoriker
westeuropäische Diskussion um den öffentlichen *Ritus* in den politischen Auseinandersetzungen verpaßt, und das sei begründet im dominant protestantischen Charakter der deutschen Historie, die nur
Sinn für das Wort, nicht aber für Gestus, symbolisches Handeln
und Ritus habe [155: BRADY, Rites, 22]. Eine faszinierende These,
die indes zu relativieren ist, insofern bereits seit längerem im Umkreis des Münsteraner Städteinstituts – und zwar auch und gerade
von protestantischen Historikern! – neben der Argumentation und
der Selbstdarstellung in Wort und Bild [170: HEIMANN, Stadtideal]
auch das *Verhalten* des alteuropäischen Stadtbürgertums erforscht
wird und damit zumindest in Ansätzen auch symbolische und rituelle Handlungen. Vor allem WILFRIED EHBRECHT hat immer wieder
auf die Rolle von Sammlung und Bannerlauf, von Glockenschlag
und Erneuerung des Schwurverbandes, von symbolischer Aneig-
nung der Stadtschlüssel, des Siegels und der Wehrgewalt für die
mittelalterlichen Bürgerbewegungen hingewiesen, und andere Autoren verfolgten die Kontinuität solcher symbolisch-rituellen Handlungen bis ins frühe 17. Jahrhundert [163: EHBRECHT, Ordnung; 164:
EHBRECHT, Form; EHBRECHT, in: 247: MOELLER, Stadt und Kirche,
27–47; H. C. RUBLACK, Grundwerte, in: 292: BRUNNER, Literatur,
9–36; 196: SCHILLING, Aufstandsbewegungen; 197: SCHILLING, Konfessionskonflikt, 254ff.; jüngst 169: HEIMANN, Gegenfeste; KLAUS
GRAF, in: 174: KIRCHGÄSSNER/SCHOLZ, Stadt und Krieg, 85ff.]. Anders als die westeuropäische interpretiert diese deutsche Forschung
das rituelle und symbolische Handeln allerdings nicht primär so-
zialpsychisch, sondern rechts- und verfassungsgeschichtlich, nämlich als Ausdruck spezifischer politischer und gesellschaftlicher

Vorrang der rechts-
und verfassungs-
geschichtlichen vor
der sozialpsycholo-
gischen Deutung
Ordnungsvorstellungen bzw. der „politischen Kultur" des Stadtbürgertums. Nicht Wort-Besessenheit von Protestanten steht hinter diesem Unterschied, sondern die rechts- und verfassungsgeschichtliche
Tradition der deutschen Stadthistorie, die auch bei der gesellschafts-

geschichtlichen Öffnung nicht über Bord geworfen wurde. – Wie
sehr die Auseinandersetzungen in der Tat aber auch Wortgefecht
und Argumentenstreit waren, dokumentiert die umfangreiche Bibliographie zum Streitschriftenaustausch zwischen der Stadt Braunschweig und ihren welfischen Stadt- und Landesherren [171: HINZ,
Kampf].

Die Rolle der poli-
tischen Öffentlich-
keit in Wortgefecht
und Argumenten-
streit

Zur politischen Kultur in den frühneuzeitlichen Städten haben
PETER BLICKLE und HEINZ SCHILLING jüngst zwei in Ausgangspunkt
und konkretem historischen Bezugsrahmen unterschiedliche, in der
interpretativen Stoßrichtung aber durchaus vergleichbare Versuche
vorgelegt. Blickles vieldiskutierte Kommunalismusthese hat ihren
Ursprung außerhalb der Stadtgeschichte, nämlich bei den alteuropäischen Gemeindeeinungen auf dem Land, vornehmlich in Oberdeutschland und in der Schweiz. Indem er eine Strukturgleichheit
zwischen Land- und Bürgergemeinde postuliert und als jeweiligen
Träger den „gemeinen Mann in Stadt und Land" ansetzt, deckt sein
„Kommunalismus" aber auch die gemeindlich-genossenschaftliche
Politikkultur in den Städten ab. Durch die emphatische Verknüpfung mit den gleichgerichteten Prinzipien der spätmittelalterlichen
Christianisierung und vor allem der Gemeindereformation habe der
„Kommunalismus" die Qualität eines Gegenmodells zu jener politischen Kultur angenommen, die sich im Zuge der fürstobrigkeit-
lichen territorialen Staatsbildung im Reich durchsetzte. Anders in
der Schweiz. Dort sieht BLICKLE [HZ 242 (1986) 548 f.] in der Republik Graubünden sowie in der Komplementarität ländlich-städti-
scher Gemeindeeinungen in den großen Stadt-Kantonen die gemeindlich-genossenschaftlichen Organisationsprinzipien des Kommunalismus bewahrt und zu einem tragfähigen neuzeitlichen Ord-
nungsprinzip für Flächenstaaten fortentwickelt, tragfähig nicht zuletzt als Basis für den späteren Übergang zur demokratischen Politikkultur.

Städtische Politik-
kultur als Teil des
alteuropäischen
Kommunalismus

Demgegenüber vermeidet SCHILLING aus prinzipiellen Erwägungen die strukturelle Gleichsetzung und entwicklungsgeschichtliche Verknüpfung von Stadt und Land. Ihm geht es vielmehr um die
spezifischen politischen Ordnungsvorstellungen des alteuropäischen
Stadtbürgertums, die sich im Mittelalter herausbildeten und die im
Reich während der Frühen Neuzeit in einen letztlich erfolglosen
Existenzkampf mit der obrigkeitlichen Politikkultur des frühmodernen Fürstenstaates gerieten, während sie anderwärts in Europa (vor
allem in England und Holland, auch in der Schweiz) eingingen in
den breiten Strom der bürgerlichen liberalen und republikanischen

Stadtrepublikanis-
mus im europäi-
schen Vergleich

Politiktheorie. Dieser frühe deutsche Stadtrepublikanismus, der
nach 1650 nur noch in Reichsstädten präsent war, sei bestimmt gewesen „von genossenschaftlich fundierten Freiheitsrechten im Innern und nach außen, die dem Bürgerverband und nicht dem Indi-
viduum zugehören und daher nicht modern, sondern alteuropäisch
konzipiert sind". Neben dem Autonomieanspruch nach außen, be-
ruhte die stadtrepublikanische Politikkultur auf vier Grundpfeilern
– auf den persönlichen Grund- und Freiheitsrechten, vor allem dem
Schutz vor willkürlicher Verletzung von Leib und Gut; auf der
Gleichheit bei Lasten und Pflichten; auf der Beteiligung des Bürgerverbandes am Stadtregiment, in welcher konkreten Form auch immer; schließlich auf der oligarchisch-egalitären Besetzung der städtischen Regierungsgremien [H. SCHILLING, Aufbruch und Krise, Berlin 1988, 170; 198: SCHILLING, Republikanismus].

Bei der Diskussion der beiden Versuche geht es einerseits um
weitere Fallbeispiele zur Stützung oder Differenzierung des Modells. Hierzu hat PETER BLICKLE mehrere Symposien zur Situation
im Reich zusammengerufen [u. a. 151: BLICKLE, Landgemeinde; P.
BLICKLE/J. KUNISCH (Hrsg.), Kommunalisierung und Christianisie-
Die Debatte um
Kommunalismus
und Stadtrepubli-
kanismus rung, Berlin 1989], während sich über den Stadtrepublikanismus
eine Debatte im Umkreis des Bielefelder „Bürgertum-Schwerpunk-
tes" sowie in der westeuropäischen Historiographie entfaltete, und
zwar mit der deutlichen Tendenz, den Blick ins 18. und 19. Jahrhundert zu verlängern [Projekte Klaus Schreiner, Robert von Friedeburg und Anne Kosfeld; MAARTEN PRAK in: Tijdschrift voor sociale
geschiedenis 15 (1989) 166 ff.; DERS., in: Theory and Society 20
(1991) 81 ff.]. Erhellend für den deutschen wie internationalen Stadtrepublikanismus ist das immense Bild- und andere kunstgeschichtliche Material, das im Sommer 1991 anläßlich der Schweizerfeiern im
Berner Historischen Museum zusammengetragen wurde [212: Zeichen der Freiheit].

Andererseits werden die theoretischen Voraussetzungen und
die Reichweite der Modelle und der Terminologie kritisch durchleuchtet. Vorbildlich für weiterführende Grundsatzkritik sind Ro-
Kritik und Modifi-
kationsvorschläge BERT VON FRIEDEBURGS Überlegungen „‚Kommunalismus' und ‚Republikanismus' in der frühen Neuzeit" [im Druck, erscheint in der
ZHF]. In expliziter Anknüpfung an WOLFGANG MAGERS begriffsge-
schichtliche und staatsrechtliche Studien über „Republik" und „Republikanismus" [in: 194: Res publica, 67–94], stellt von Friedeburg
die von Blickle „insinuierte Verbindungslinie zwischen Kommunalismus und Republikanismus im Sinne von Strukturparallelitäten

3. Die deutsche Stadt in der staatlich-politischen Formierung   91

zwischen kommunalistischen und ‚republikanischen‘ Organisationsprinzipien" grundsätzlich in Frage. Wie Schilling, plädiert er für die
Aufgabe der „ohnehin problematischen Zusammenschau von ländlichen und reichsstädtischen Entwicklungen" – eine Sicht, die übrigens der Stadthistoriker GERT SCHWERHOFF teilt, mit dem Argument, nur der Stadtbürger habe „prinzipiell den Status eines politischen Subjektes" besessen, während der Bauer herrschaftlich eingebunden gewesen sei, so daß „eine fundamentale Scheidelinie (zwischen Bürgern und Bauern) sowohl im Bewußtsein der Rebellieren-
den wie der Herrschenden" bestanden habe [206: Köln, 209]. Um
das auf diese Weise von der städtisch-bürgerlichen Politikkultur ab-
gehobene „Kommunalismus-Modell" historisch sachgerecht an-
wendbar zu machen, und zwar über 1400–1600 sowie über Oberdeutschland hinaus, fordert von Friedeburg die theoretisch abgesi-
cherte Integration sowohl der agrar- als auch der sozialgeschichtlichen Konstanten der alteuropäischen ländlichen Gesellschaft, nämlich des prinzipiellen „Aufbegehrens genossenschaftlich verfaßter
Landgemeinden gegen Aufgaben und Dienste" und „der internen
sozialen Differenzierung der Gemeinden". Den Vorschlag, die städtische Politikkultur des späten Mittelalters und der Frühen Neuzeit
als „Republikanismus" zu beschreiben, akzeptiert von Friedeburg
zwar, warnt aber davor, mit diesem Begriff „den Bestand eines Re-
servoirs ‚republikanischer‘ Wertvorstellungen" im Sinne eines modernen egalitär-individuellen Republikanismus zu verbinden. Denn
die „städtischen Organisationsprinzipien und Wertvorstellungen,
wie die Beteiligung der Bürgergemeinde am Regiment, stammten
nicht notwendig aus Überlegungen zur besten politischen Verfassung von Gemeinden, sondern aus dem sich seit dem Mittelalter
entwickelnden Körperschaftsrecht und dessen Verfahrensregeln"
(nach W. MAGER). Nicht eine spezifische Verfassung, die ihnen per-
manentes Mitspracherecht garantierte, hätten die Bürger angestrebt,
sondern nur die Ad-hoc-Korrektur von Fehlhandlungen der Magistrate. Die europäisch vergleichende Perspektive ergebe, daß „an-
gelsächsischer ‚territorialer Republikanismus‘, reichsstädtischer Republikanismus und ländlicher, auch landstädtischer, Kommunalismus … scharf getrennt werden müssen". Nur in den Reichsstädten
wurden die Ansprüche der Bürger auf Partizipation ein Stück weit
erfüllt, weil dort „die Organisation von Herrschaft, im Gegensatz zu   Partizipation und
Landgemeinden und Landstädten, real organisiert werden mußte".   Herrschaft
Aber auch in den Reichsstädten hätten diese Ansprüche nur „tran-
sitorischen Charakter" (nach SCHILLING) gehabt und hätten mit

„einem faktisch oligarchischen Regiment koexistiert" [Zitate alle
aus v. FRIEDEBURG, a.a.O.].

Diese Distinktion ist für die Zeit nach 1650 konstitutiv, während vorher die ihr zugrundeliegende verfassungsrechtliche Dichotomisierung zwischen Reichs- und Landstadt noch nicht abgeschlossen war (vgl. I,4). In Ergänzung zu den Beiträgen der „Unruhefor-
schung" [150: BLICKLE, Unruhen] geht es in jüngeren Forschungen
zunehmend um die spezifische Politikkultur der Reichsstädte in dieser späteren Zeit und deren Bewertung als eine mögliche „demokra-

Politische Kultur in
den Reichsstädten

tische Wurzel" deutscher Verfassung [189: NEUGEBAUER-WÖLK,
Reichspolitik, 46, gestützt auf Joseph von Sartori, Beyträge in
Reichsstättischen Sachen, Leipzig 1778]. Dabei fragt HARTMUT
ZÜCKERT explizit nach dem „Republikanismus in der Reichsstadt
des 18. Jahrhunderts" [213] und kommt auf der Basis von Memmin-
ger Archivalien zu dem Ergebnis, daß sich mit dem neuzeitlichen
Souveränitätsprinzip hinsichtlich des Ursprungs des „republikanischen Prinzips (in) der gemeindlich-genossenschaftlichen Tradition" keine Veränderungen ergeben haben. Bei den Verfassungs-
konflikten sei es nicht darum gegangen, ob die Souveränität beim
Rat oder bei der Bürgerschaft lag (gegen OTTO BRUNNER), sondern

Die Reichsstadt als
„Republik"

„ob durch ein oligarchisches Ratsregiment die Bürgerschaft noch
vertreten ist" [213: Republikanismus, 62]. Die Qualität der Stadt als
„Republik", verstanden als Recht „freier Bürger", zum Zweck des
„Gemeinen Besten" an den öffentlichen Angelegenheiten mitzuwir-
ken, sei zwischen Magistrat und Bürgerschaft nicht strittig gewesen.
Das Verfassungsproblem sei ständisch-sozial, in gewisser Weise
auch ökonomisch fundiert, insofern nämlich „unter den Bürgern
eine Gruppe bei der Besetzung der Institutionen bevorrechtigt ist
(nämlich Patrizier oder Honoratioren, H. Sch.), was zum Problem
für die Einheit von Regiment und Gemeinde wird" [213: Republikanismus, 73; vgl. auch 213a].

Was die Bewertung dieser reichsstädtischen Politikkultur anbe-

V. PRESS: Die
Reichsstadt im
frühneuzeitlichen
Reichssystem

langt, stellt VOLKER PRESS die Entwicklungsbarrieren heraus, allerdings ohne damit zugleich explizit oder implizit eine mögliche Bedeutung jener alteuropäischen Bürgerkultur für die historisch-politi-
sche Kultur gegenwärtiger Demokratien auszuschließen. Nach einem thematisch und zeitlich weitgespannten Erörterungsbogen, von
der Stellung der Reichsstädte im Reichsgefüge über die vielschichti-
gen und spannungsreichen innerstädtischen Sozial-, Rechts- und
Herrschaftsbeziehungen bis hin zum Auf und Ab in den politischen
Konjunkturen, bilanziert er, daß mit der Mediatisierung an der

Wende des 18. Jahrhunderts „eine überlebte Welt" zusammenbrach, „die freilich weitgehend akzeptiert war". Das war „der Preis für die notwendige Modernisierung", weil „die oligarchisch-verfaßten Kommunen nicht die bürgerliche Alternative der deutschen Geschichte" gewesen seien [49: PRESS, Reichsstadt, 41; vgl. auch 191: PRESS, Revolution]. Ein ähnliches Bild zeigt das Finanzwesen der meisten Reichsstädte, das INGRID BÁTORI exemplarisch am Beispiel Augsburgs analysierte [7: BÁTORI, Augsburg]. Auch andere Forscher betonen, daß der Brückenschlag von den Autonomiemodellen des alteuropäischen Stadtbürgertums zum „Bürgerrepublikanismus der Neuzeit" in Deutschland nicht gelungen sei [209: STOLLEIS, Recht, XIII], betonen aber zugleich, daß dieser Strang politischer Ordnungsvorstellungen des alteuropäischen Bürgertums trotzdem im historisch-politischen Bewußtsein der demokratischen Öffentlichkeit „aufgehoben" sein sollte. Ähnlich bewertet das MONIKA NEUGEBAUER-WÖLK, wenn sie aus der Sicht der reichsstädtischen Reichspolitik dafür plädiert, das Urteil über die politische Kultur des alteuropäischen Reichsstadtbürgertums offen zu halten, bis weitere konkrete Forschungen unsere Kenntnisse abgerundet haben [189: Reichspolitik, 47]. Bereits vor einer Reihe von Jahren hat OTTO BORST das von der Aufklärung gezeichnete Bild eines allgemeinen Verfalls der Reichsstädte zu Ende des 18. Jahrhunderts in Frage gestellt und deren geistige und kulturelle Leistungsfähigkeit aufgezeigt [10: BORST, Babel, Kap. III bis V, 201–392; ähnlich am Beispiel der Reichsstadt Wetzlar jetzt 303: HAHN, Kultur 165 f., 174–185]. Und RAINER KOCH verfolgte am gewichtigen Beispiel Frankfurts am Main „die Wesensmerkmale und die Entwicklung der politischen Kultur einer stadtbürgerlichen Gesellschaft" über die Epochenschwelle hinweg, nämlich vom 17. Jahrhundert bis 1866 [176: KOCH, Grundlagen, 5]. Die Frage nach Kontinuität zwischen dem „klassischen Republikanismus" vor allem in den frühneuzeitlichen Städten und entsprechenden Freiheitsentwürfen im frühen deutschen Liberalismus wirft jüngst PAUL NOLTE auf und zwar mit einer tendenziell positiven Antwort [P. NOLTE, Bürgerideal, Gemeinde und Republik. „Klassischer Republikanismus" im frühen deutschen Liberalismus, in: HZ 254 (1992), 609–656, hier vor allem 642].

Realhistorische Entwicklungsbarrieren

Für ein historisch sachgerechtes Urteil über die späte Reichsstadt

Die Wirkungen auf das 19. Jahrhundert (Frankfurt a. M.)

4. Stadt, Kirche, Religion

a) Stadt und Reformation

Das die moderne Rechts- und Verfassungsgeschichte gleichermaßen wie die Sozial- und Gesellschaftsgeschichte auszeichnende Bemühen, die politische und gesellschaftliche Ordnung Alteuropas nicht mehr mit dem Maßstab des Anstaltsstaates und der bürgerlichen Gesellschaft des 19. Jahrhunderts zu messen, sondern die spezifischen Strukturen des frühneuzeitlichen Staats- und Gesellschaftssystems herauszuarbeiten, ließ insbesondere die epochenspezifische Verschränkung von politischer und kirchlicher Ordnung ins Blickfeld der Frühneuzeitforschung treten. Weil Religion und Gesellschaft, Staat und Kirche vor Vollzug der Säkularisation seit Ende des 18. Jahrhunderts strukturell verzahnt waren, könne – so eine besonders exponierte Formulierung dieser Position – ohne Berücksichtigung der kirchlichen und konfessionellen Verhältnisse „keine hinreichende Erkenntnis über den Aufbau jenes Gesellschaftssystems sowie seiner Entwicklungsdynamik gewonnen werden" [197: SCHILLING, Konfessionskonflikt, 22; kritisch dazu W. SCHULZE, in: ZHF 12 (1985) 104–107].

Ein religions-soziologisches Forschungsparadigma

Dieser Ansatz gilt gleichermaßen für den frühmodernen Territorialstaat wie für die Stadt, deren Selbständigkeit gegenüber Territorium und Reich sich nicht zuletzt am Umfang der kirchlichen Unabhängigkeit messen ließ. Daß in der Forschung der letzten Jahrzehnte das Paradigma „Stadt und Kirche" weit intensiver diskutiert wurde als dasjenige von „Staat und Kirche", hatte zwei Ursachen: Zum einen ergab es sich aus der Sache selbst. Denn bereits die mittelalterliche Kirche zeichnete sich durch „Stadtsässigkeit" aus, am augenfälligsten durch den Verwaltungsmittelpunkt der Bischofsstädte [256: PETRI, Bischofs- und Kathedralstädte] oder die städtischen Orden des Spätmittelalters (Dominikaner, Franziskaner, Augustiner). Hinzu kam der Vorsprung, den die Städte gegenüber den Territorien bei der institutionell-administrativen „Unterwanderung" oder „Durchdringung" der Kirche hatten (Hospitäler, bürgerliche Altarstiftungen, stadtratliche Patronate etc.). Das hat Mediävisten und Frühneuzeitler verständlicherweise besonders interessiert [zuletzt etwa 273: SCHUBERT, Stadt und Kirche] und auch zu epochenübergreifenden Überlegungen angeregt [MÖRKE, in: 158: BULST/GENET, La Ville]. Zum anderen ist die intensive Erforschung der reformatorischen und nachreformatorischen Kirchenverhält-

Forschungen zur Stadtsässigkeit der Kirche

Frühe Verstädterung kirchlicher Institutionen

nisse in den deutschen Städten wissenschaftsgeschichtlich bedingt, nämlich als Reflex auf das richtungweisende Buch von BERND MOELLER über „Reichsstadt und Reformation" [248]. Die Diskussion um Moellers Interpretation der Stadtreformation, die von kirchengeschichtlicher Seite am radikalsten durch STEVEN E. OZMENT in Frage gestellt wurde [255: Reformation: nicht Sakralisierung und religiöse Überhöhung, sondern Desakralisierung und Befreiung der Bürger von der religiösen Bevormundung seien das Signum der Reformation], überlagerte sich seit den späten sechziger Jahren mit der Kontroverse um die marxistische These einer „Frühbürgerlichen Revolution", die mit den bürgerlichen Strukturen des Zeitalters auch den kirchlichen Verhältnissen in den Städten Aufmerksamkeit zuwendete [278: VOGLER, Nürnberg; WEISS, in: 33: GUTSCHE, Erfurt; 281: WEISS, Erfurt].

B. MOELLER: „Reichsstadt und Reformation"

Zu „Stadt und Reformation" liegen mehrere Forschungsberichte vor [zuletzt v. GREYERZ, in: ARG 76 (1985) 6–63; 248: MOELLER, Reichsstadt, 70–115; 265: RÜTH, Reformation; H. C. RUBLACK, in: E. J. KOURI/T. SCOTT (Hrsg.), Politics and Society, London 1987, 121–141]. Wir können uns daher auf knappe Bemerkungen zu den Hauptproblemfeldern beschränken, wobei es vor allem gilt, diejenigen Impulse herauszuarbeiten, die eine epochale und sachliche Ausweitung des Untersuchungsfeldes hin zu „Stadt und Kirche in Alteuropa" herbeiführten: Bemerkenswert ist zunächst die inzwischen erreichte sachliche Auffächerung: Nachdem vor allem in mediaevistischen Arbeiten lange die institutionen- und rechtsgeschichtlichen Fragen der Stadt-Kirche-Beziehungen im Vordergrund gestanden hatten, traten bei der Suche nach den Voraussetzungen der Stadtreformationen immer deutlicher theologie-, frömmigkeits- und mentalitäts- sowie kommunikationsgeschichtliche Fragen in den Vordergrund: Gab es eine spezifisch „städtische Religiosität"? [249: MOELLER, Reformation, 73–85; 273: SCHUBERT, Stadt und Kirche, 37; 235: HAMM, Frömmigkeit]. War die spätmittelalterliche Theologie städtisch-bürgerlich geprägt, und entwickelte sich darauf aufbauend eine städtisch-reformatorische Laientheologie zwischen „Wittenberg und Genf", die sich von dort als Theologie der Refugiés über das Netz der Exulantenstädte in Europa und schließlich nach Übersee verbreitete? [254: OBERMAN, Reformation; zahlreiche weitere Arbeiten von ihm und seinen Schülern, v. a. 236: HAMM, Laientheologie]. Hinzu kamen kunstgeschichtliche Fragestellungen, etwa nach der Rolle von Votiv- und Stiftungsbildern für das bürgerliche Selbstbewußtsein [225: DORMEIER, St. Rochus; 284: WOHLFEIL, Bildepitha-

Stadt und Reformation

Zur Frömmigkeits- und Mentalitäts- geschichte

Stadt, Kirche, bildende Kunst

phien], nach dem Alphabetisierungsgrad, der Volkskultur sowie der Propaganda, v. a. durch bebilderte Flugblätter [MOELLER/SCRIBNER, in: 251: MOMMSEN, Stadtbürgertum, 25 ff., 44 ff.; 274: SCRIBNER, Culture; 243: KÖHLER, Flugschriften].

Volkskultur und Propaganda

An das Paradigma „Stadt/Bürgertum und Reformation" lagerten sich weitergreifende entwicklungsgeschichtliche Interpretationen an: So zum einen das marxistische Interpretament einer „frühbürgerlichen Revolution", das Schritt für Schritt, von seiner ursprünglichen dogmatisch-orthodoxen Engführung befreit, wichtige stadtgeschichtliche Feldstudien stimulierte [278: VOGLER, Nürnberg; 281: WEISS, Erfurt], und vor allem ermöglichte es die Diskussion mit der offenen, liberalen Stadt- und Reformationsforschung. An die ältere historische Religionssoziologie (vor allem Max Weber und Ernst Troeltsch) anknüpfend, stellte die liberale Stadtgeschichtsforschung die Frage nach dem entwicklungsgeschichtlichen Ort der städtisch-bürgerlichen Bewegungen im Umfeld der Reformation. Vom Blickwinkel der Bürgerbewegungen her sah der Wirtschafts- und Sozialhistoriker das Proprium der Reformationsphase in einer Ausweitung der sozialen Basis und entsprechender Dominanz sozialer und ökonomischer Gravamina [E. MASCHKE, in: 51: RAUSCH, Stadt, 20]. In einer weitergespannten gesellschaftsgeschichtlichen Perspektive erscheint der strukturelle Umbruch der stadtbürgerlichen Gesellschaft im Zuge der Reformation als Ringen „um die der Stadt und ihrem Bürgertum adäquate Gestalt von Religion und Kirche" einschließlich der damit verbundenen politischen und administrativen Weiterung [197: SCHILLING, Konfessionskonflikt, 140].

Die reformatorischen Bürgerbewegungen

Von den einzelnen Problemfeldern der „Stadtreformation" wurde die Geschichte der Beziehungen zwischen Stadt und Territorialstaat bereits besprochen, ebenso die Diskussion um den gemeindlichen oder kommunalen Charakter der Bürgerbewegungen (II, 3). Von diesem verfassungs- und ordnungsgeschichtlichen Problemzusammenhang ist ein anderes wichtiges Diskussionsfeld zu unterscheiden, das sich mit der *sozialen Trägerschaft* der Reformation befaßt. So sehr es *communis opinio* ist, daß sich die Stadtreformation als „Bürgerbewegung" oder als „Gemeindereformation" durchsetzte [zusammenfassend P. BLICKLE, Die Reformation im Reich, 2. Aufl. Stuttgart 1992, 102–105], so deutlich ist auch hervorgetreten, daß es sich hierbei nicht um schichten- oder gar klassenmäßige Fronten handelt. Zahlreiche prosopographische Fallstudien haben die anfängliche Dichotomisierung zwischen „Volks-" und

Die soziale Trägerschaft der Stadtreformation

„Ratsreformation" sozialgeschichtlich gesehen differenziert. Allgemein gilt, daß die Oberschichten einschließlich der politischen Eliten im Prinzip nicht anders als das Zunfthandwerk und unterbürgerliche Schichten für die neue Lehre offen waren – R. WOHLFEIL [Einführung in die Geschichte der deutschen Reformation, München 1982, 107]: Es gab „keine prinzipiell reformationsfreundlichen oder -feindlichen … sozialen Gruppen." Ihr in den meisten Städten zu erkennendes Zögern schreibt man den „Sekundärbarrieren" zu, die sich vor allem aus politischen Rücksichtnahmen und Interessenverflechtungen mit dem mittelalterlichen Kirchenwesen ergaben [SCHILLING, in: 251: MOMMSEN, Stadtbürgertum, 303; 250: MÖRKE, Rat; 326: SIEH-BURENS, Oligarchie, v.a. 136ff., 147]. THOMAS A. BRADY, der 1978 die Reformation in Straßburg in der Perspektive sozialer „Klasseninteressen" beschrieb [219: Strasbourg], formulierte jüngst die inzwischen nicht zuletzt durch die Kontroverse um sein Straßburg-Buch gewonnene neue Sicht: Jede Stadtreformation war „sowohl ‚Ratsreformation' als auch ‚Volksreformation': Ohne den anfänglichen Schutz … durch die städtischen Aristokratien hätte die Bewegung nicht lange genug überlebt, um in die Straßen und Kirchen zu gelangen; ohne die breite Unterstützung durch den ‚Gemeinen Mann' hätte sich der Druck in Richtung auf einen religiösen Wandel nicht so … radikal entwickelt; und ohne die Zustimmung der Oligarchen hätte die Bewegung nicht zu einer erfolgreichen Domestizierung der Stadtkirche führen können" [BRADY, in: 218: BLICKLE/LINDT/SCHINDLER, Zwingli, 129]. Selbst für Nürnberg und Bern, deren Reformationsgeschichte dem Idealtypus der Ratsreformation realgeschichtlich sehr nahe kommt, stellt HEINRICH RICHARD SCHMIDT jetzt fest: „Die gängige Forschungsmeinung, es handele sich in beiden Fällen um eine Obrigkeitsreformation, läßt sich nicht halten. Der Druck aus der Bürgerschaft zwingt die Räte, ihren streng legalistischen Standpunkt zu verlassen und die Schrift als Geltungsgrund und Gestaltungsprinzip der kirchlichen Ordnung anzuerkennen" [in: Nürnberg und Bern, Zwei Reichsstädte und ihr Landgebiet, Erlangen 1990, 81–119, hier 117].

Die Abgrenzung von „Volks-" und „Ratsreformation"

Schließlich ist noch die Kontroverse um die Rolle des in den spätmittelalterlichen Städten notorischen *Antiklerikalismus* zu nennen, die HANS-JÜRGEN GOERTZ [232: Pfaffenhaß] neu angefacht hat. Es geht im Kern darum, ob der Ärger über die wuchernde und disfunktionale Klerikergesellschaft das entscheidende Stimulans der reformatorischen Bürgerbewegungen war oder eine positive „Kongenialität" zwischen reformatorischem Gemeindechristentum und

Der städtische Antiklerikalismus

städtisch-bürgerlicher Mentalität bestand [265: RÜTH, Reformation, 201, Anm. 8]. Auch ist die Qualität des Antiklerikalismus selbst umstritten. Vor allem BERND MOELLER beharrt auf einer dialektischen Beurteilung, die, neben den Klagen über die Lasten und Auswüchse, auch die elementare Verbundenheit der Bürger mit dem Klerus in Rechnung stellt [248: Reichsstadt, 75; zum Problem allgemein jüngst in synchron und diachron vergleichender Perspektive: P. A. DYKEMA und H. A. OBERMAN (Hrsgg.), Anticlericalism in Late Medieval and Early Modern Europe, Leiden 1993]. An dieser Stelle setzen die neueren sozialgeschichtlichen Studien zu Entstehung und

Studien zur neuzeit-lichen Geistlichkeit Konstituierung der neuen, protestantischen Pastoren-Geistlichkeit ein, die in gewisser Weise die produktive Antwort der Reformation auf den Antiklerikalismus darstellte [„Kleriker" als Bürger, in: 249: MOELLER, Reformation, 35–52; L. SCHORN-SCHÜTTE, in: Archiv für Reformationsgeschichte 79 (1988) 230–261; L. SCHORN-SCHÜTTE, Evangelische Geistlichkeit in der Frühneuzeit, Habilitationsschrift Gießen 1992, mit älterer Literatur]. In den katholischen Städten entfaltete sich die frühneuzeitliche Klerikergesellschaft, die weiterhin von der stadtbürgerlichen Gesellschaft getrennt war, trotzdem aber einen ähnlichen Funktionalisierungs- und Professionalisierungsschub wie die protestantische Geistlichkeit erlebt hatte [vgl. etwa 18: DREYFUS, Mayence, 285 ff.; 298: FRANÇOIS, Koblenz].

b) Die katholische Stadt: Stadt und Konfessionalisierung

Das Desinteresse am späten 16. Jahr-hundert Das spätere 16. Jahrhundert wurde in der Stadt-Kirchen-Diskussion zunächst als eine Art Appendix der Stadtreformation behandelt, etwa wenn Erfolg oder Mißerfolg der Reformation bilanziert wurde, wobei häufig die Interims-Krise als zeitliche und sachliche Gelenkstelle erscheint [282: WEYRAUCH, Krise; HAUSCHILD, in: Zeitschrift für Kirchengeschichte 84 (1973) 60–81; RUBLACK, in: Esslinger Studien 20 (1981) 73–90; EITEL zu Oberschwaben und Bodenseeraum, in: 51: RAUSCH, Stadt, 53–74; 242: KARANT-NUNN im Ausblick ihres Zwickau-Buches]. Hinzu kamen Untersuchungen zur Spät- oder Langzeitreformation, etwa bei Emdens Weg zur calvinistischen Stadtrepublik mit dem Höhepunkt um 1600 [SCHILLING, in: 247: MOELLER, Stadt und Kirche, 128–161], zum Ringen um das reichsstädtische Reformationsrecht nach 1555 [234: V. GREYERZ, Late City Reformation; SCHILLING, in: 42: LUNTOWSKI, Dortmund; 195: SCHILLING, Aachen] und zu den „gescheiterten Reformationen", die zugleich die Unterwerfung der Städte unter den katholi-

schen Territorialstaat signalisierten [263: RUBLACK, Gescheiterte Reformation, 127].

In dem Maße, in dem sich in der neueren Geschichtswissenschaft das von WOLFGANG REINHARD und HEINZ SCHILLING entwik-
kelte Paradigma der Konfessionalisierung etablierte [vgl. Literaturbericht von H. SCHILLING in: GWU 42 (1991) 447–463, 779–794],
öffnete sich auch auf dem Feld der Stadtreformation der Blick auf
die längerfristigen institutionellen, rechtlichen, sozialen, frömmig-
keits- und mentalitätsgeschichtlichen Folgen, so daß die zweite
Hälfte des 16. Jahrhunderts immer mehr in den Vordergrund trat.
Die „Konfessionalisierung" gilt auch stadt- und bürgergeschichtlich
als „gesellschaftsgeschichtlicher Fundamentalvorgang" [H. SCHIL-
LING, in: HZ 246 (1988) 6], der das öffentliche und private Leben in
den Städten tief umpflügte. Dieser Wandel ließ sich nicht länger
„als bloßer Ausklang städtischer Reformation" beschreiben [265:
RÜTH, Reformation, 206]. Und auch die einseitige Beschäftigung
mit dem Protestantismus mußte aufgegeben werden. Denn die katholische Erneuerung wird hier als strukturell und funktional vergleichbare Konfessionalisierung wie die lutherische oder reformierte Konfessionalisierung begriffen.

Im Rahmen der Stadt-Reformation-Debatte erschienen die
Vorgänge in den katholischen Städten in der Regel nur als negative
Folie: „Why was there no Reformation in Cologne?" [274: SCRIB-
NER, Culture, 217–242]. Daneben wurden sie bisweilen in anderen
Zusammenhängen behandelt, etwa in der epochenübergreifenden
Stadttypenforschung. So geht es in dem von FRANZ PETRI herausge-
gebenen Sammelband „Bischofs- und Kathedralstädte" [256] um
die für katholische Städte weiterhin charakteristische Klerikergesellschaft „neben der eigentlichen Bürgerstadt" [H. KELLENBENZ, in:
256: Petri, Bischofs- und Kathedralstädte, 124] und um die Stellung
und Funktion der Jesuiten innerhalb der stadtbürgerlichen Gesellschaft [K. BOSL, ebd.]. Durch das neue Paradigma der „Konfessionalisierung" finden sie nun die ihnen zukommende genuine Beachtung [226: ENDERLE, Katholische Reichsstädte]. Dabei zeigte sich
einerseits, daß keineswegs alles Reaktion auf die Reformation war,
sondern daß sich an einigen Orten bereits früh eigenständige katholische Reformansätze entwickelten. Das wichtigste Beispiel ist die
Reichsstadt Köln und dort der von GÉRALD CHAIX erforschte Kreis
um die Kartause St. Barbara [222: CHAIX, Réforme; DERS., Huma-
nisme et élites urbaines à Cologne, in: 313: MALETTKE/VOSS, Humanismus, 195–210; Die Kölner Kartause um 1500, Katalog und Auf-

Das Paradigma der Konfessionalisierung

Forschungen zur katholischen Stadt

G. CHAIX: Studien zum katholischen Köln

satzband, Kölnisches Stadtmuseum 1991; demnächst die große Ge-
samtstudie zur katholischen Konfessionalisierung Kölns, Habilitationsschrift von GÉRALD CHAIX an der Universität Straßburg 1993].
Andererseits wird deutlich, daß es nirgends einen den reformatorischen Bürgerbewegungen vergleichbaren Aufbruch zugunsten der
alten Kirche gab. Das zeigt jetzt mit aller Deutlichkeit die verdienst-
volle, von ERNST WALTER ZEEDEN angeregte, Untersuchung von
WILFRIED ENDERLE zur Konfessionsbildung in der katholischen
Reichsstadt Überlingen [327], die in einem abschließenden Überblick über die zu Beginn des Dreißigjährigen Krieges katholischen
Reichsstädte (18 von ungefähr 65) in einem ersten Zugriff den „Typus der katholischen Reichsstadt" herausarbeitet. Für ihn „war eine
vom Rat aufgrund außen- und machtpolitischer Interessen meist
schon sehr früh und einmütig gefällte und dann konsequent durch-
gehaltene konfessionelle Option kennzeichnend. Die Katholizität einer Reichsstadt ging nahezu exklusiv auf die Entscheidung der politischen Führung zurück" [226: Katholische Reichsstädte, 392]. Daß
diese Entscheidung dann trotz der „auch bei den Einwohnern katholisch gebliebener Reichsstädte" in der Regel erfolgten Rezeption
der reformatorischen Botschaft [ebd., 396] durchgehalten werden
konnte, hing damit zusammen, daß die Führungsgruppe klein oder
doch relativ geschlossen war. Ob die Verfassung nominell zünftisch
oder patrizisch war, spielte dabei keine Rolle [ebd., 395]. Hatte sich
die frühe altgläubige Option im wesentlichen noch in den Bahnen
traditioneller Kirchenpolitik vollzogen, was nicht zuletzt der Aufbau eines „veritablen katholischen Kirchenregiments" auf der Linie
spätmittelalterlicher Kommunalisierungstendenzen zeigt, so setzte
in den 1570er und 1580er Jahren mit Macht die Konfessionalisierung im Sinne des tridentinisch erneuerten und entschieden formierten neuzeitlichen Katholizismus ein. Den politischen, sozialen, geistigen und verhaltensmäßigen Wandel, der damit in den katholischen nicht anders als in den protestantischen Städten verbunden
war, bringt Enderle für Überlingen entschieden mit der Krise um
1600 in Verbindung [226: Katholische Reichsstädte, 372, 377 f. mit
Anm. 1]. Weitere Fallstudien müssen zeigen, ob das auch für die anderen katholischen Städte gilt. Die Feststellung, „nicht die Reformation ..., sondern die Jahrzehnte vor und nach 1600" hätten in
Überlingen den „Kulminationspunkt" des Wandels gebracht [ebd.,
372], deckt sich jedenfalls mit allgemeingeschichtlichen Beobachtungen zum frühneuzeitlichen Entwicklungsrhythmus in Deutschland.

(Marginalien:)
W. ENDERLE:
Reichsstadt und
katholische Konfes-
sionsbildung

„Rats-Gegen-
reformation"

Die Zeit um 1600
als Kulminations-
punkt des Wandels

Was Enderle typologisch für die Reichsstädte herausstellt, gilt *mutatis mutandis* auch für Autonomie- und einfache Landstädte. Das zeigt OLAF MÖRKES von HANS-CHRISTOPH RUBLACK angeregte Fallstudie zu Mindelheim. In der kleinen „Residenzstadt" der Frundsbergs war die „Ruhe im Sturm" der Reformation Ausdruck eines „politischen Entscheidungssystems", in dem „der Stadtherr als letztlich dominierendes Element" [45: MÖRKE, Ruhe, 169] den Rat und damit die Bürgergemeinde kontrollierte und ohne Schwierigkeiten seine konservative Religionspolitik durchzuhalten vermochte, die ihrerseits durch die „übergeordneten Kräfte der Region präjudiziert wurde, voran vom Schwäbischen Bund, dem Reich und dem Haus Habsburg". Daß Rekatholisierungen dem nämlichen Gesetz folgten, nimmt um so weniger wunder, als von ganz wenigen Ausnahmefällen (etwa die Calvinisierung Emdens) abgesehen, nach 1555 auch in protestantischen Städten konfessionelle Veränderungen im wesentlichen politische Ereignisse waren [etwa in Danzig, Thorn, Elbing: M. MÜLLER, in: SCHILLING (Hrsg.), Die reformierte Konfessionalisierung, Gütersloh 1986, 251–265; ähnlich in Bremen: J. MOLTMANN, Ch. Pezel und der Calvinismus in Bremen, Bremen 1958, oder Leipzig: K. CZOK, Der Calvinistensturm 1592/93 in Leipzig, in: Jahrbuch zur Geschichte der Stadt Leipzig (1977) 123–144]. Über die Mechanismen der Rekatholisierung Münsters als politisches Ereignis, das aber durch die Tätigkeit der Reformkräfte, voran der Jesuiten, rasch in allen Schichten Wurzeln schlug, sind wir gut durch die Fallstudie von RONNIE POCHIA HSIA über Münster unterrichtet [240: Münster]. Das Buch zeigt, wie selbst in der von der Täuferherrschaft traumatisierten Bischofsstadt für rund eine Generation (1555 bis etwa 1585) der Religionsfriede funktionierte und Protestanten und Katholiken schiedlich-friedlich zusammenlebten, dann aber, mit dem Einzug des tridentinischen Katholizismus, Kirche, politisch-staatliches System und stadtbürgerliche Gesellschaft rasch konfessionalisiert und entsprechend umgeformt wurden. Es wäre wünschenswert, wenn andere katholische bzw. rekatholisierte Städte mit vergleichbarer Eindringlichkeit untersucht würden, etwa Aachen, Paderborn oder Würzburg, für die teilweise bereits Vorarbeiten vorliegen [203: SCHMITZ, Verfassung; K. HENGST, Kirchliche Reform im Fürstbistum Paderborn, Paderborn 1974].

Neben der kirchlich-religiösen, der politisch-verfassungsmäßigen und gesellschaftlich-strukturellen Dimension der Konfessionalisierung rücken zunehmend ihre „lebensweltlichen" Konsequen-

Mindelheim – Minderstadt ohne Freiheit zur Reformation

Dominanz des Politischen in den Spätreformationen

Die Rekatholisierung – das Beispiel Münsters

Die lebensweltlichen Konsequenzen der Konfessionalisierung

Konfessiona-listisch-bürgerliche Ehezucht

zen für das öffentliche wie private Leben in den Städten sowie ihre längerfristigen Folgen für Verhalten und Mentalität der Menschen, voran der Bürger, ins Zentrum des Interesses. Es geht um die Konsequenzen für Ehe, Familie und Sexualverhalten [wegweisend 261: ROPER, Household. – In langfristiger Perspektive am Beispiel Emdens: H. SCHILLING, Frühneuzeitliche Formierung und Disziplinierung von Ehe und Familie, in: P. PRODI (Hrsg.), Glaubensbekenntnisse, Treueformeln und Sozialdisziplinierung, München 1993], um die Durchsetzung von Ordnung, Fleiß, Pünktlichkeit und Sauberkeit als Tugenden des frühneuzeitlichen Bürgertums und des Christenmenschen allgemein, um Zuverlässigkeit, Friedfertigkeit und Ehrlichkeit im zwischenmenschlichen Umgang, um die Akzeptanz

Kirchenzucht und Herausbildung bürgerlicher Tugenden

der formierten neuzeitlichen Religiosität und Kirchlichkeit und entsprechende Zurückdrängung magischer Vorstellungen und Praktiken traditioneller Volksreligiosität. Neben den Visitationen, die Stadt- und Landgemeinden gleichermaßen erfaßten [zu deren Erfolg bzw. Mißerfolg 275: STRAUSS, House, v.a. 294ff.], stand im Vordergrund der auf die Stadt und das Bürgertum bezogenen Studien bislang die protestantische, vor allem reformiert-calvinistische Kirchenzucht: HEINRICH RICHARD SCHMIDT untersucht städtische und dörfliche Kirchenzucht in der Schweiz des 16. Jahrhunderts [270: Schmidt, Christianisierung]. HELGA SCHNABEL-SCHÜLE befaßt sich mit Württemberg, wobei hier landesherrlich-territorialstaatliche Einflüsse die städtischen überdeckten [Zeitschrift für Württembergische Landesgeschichte 49, 1990, 169–223]. In der Langzeitperspektive vom 16. bis zum 19. Jahrhundert, in der „the making of the modern mind" [59: SCHILLING, Civic Calvinism, Kap. 3] ebenso anzusiedeln ist wie die Herausbildung neuzeitlicher bürgerlicher Verhaltensformen, wurden die Verhältnisse in Emden, Groningen und Leiden analysiert [267: SCHILLING, Sündenzucht]. Solche Fragen lassen sich in gleicher Weise auch an die katholische Konfessionalisierung richten. Das zeigt beeindruckend LOUIS CHÂTELLIER,

Das Modernisierungspotential der katholischen Konfessionalisierung

der in dezidierter Anknüpfung an die Max Webersche Modernisierungsproblematik die marianischen Kongregationen des Jesuitenordens in deutschen und anderen europäischen Städten untersucht, um deren Beitrag zur Formierung neuzeitlicher Bürgerlichkeit aufzuzeigen, und zwar in der Frömmigkeit und bei den kirchlichen Organisationsformen ebenso wie im Familienleben, in der

Stadt und Jesuitenorden

städtischen Öffentlichkeit, in der Beurteilung und sozialen Bewältigung von Armut oder in der Verbreitung des bürgerlichen Ethos strenger geistiger wie körperlicher Disziplin und Arbeitsamkeit

[223: CHÂTELLIER, Europe; vgl. auch 226: ENDERLE, Reichsstädte, 268; in europäischer, zwischenkonfessionell vergleichender Perspektive die Vorträge auf dem Hannoveraner Historikertag vom September 1992 in HEINZ SCHILLING (Hrsg.), Kirchenzucht im frühneuzeitlichen Europa. Berlin 1993].

c) Christliche und jüdische Minderheiten, Mehrkonfessionalität und Toleranz

Da die Städte auch auf dem Höhepunkt der Konfessionalisierung schon aus Gründen der Selbsterhaltung relativ offene und mobile Gesellschaften bleiben mußten und zudem in vielen Städten das Reichsrecht [ausführlich hierzu das Beispiel Worms: FRITZ REUTER, in: 306: KIRCHGÄSSNER/REUTER, Randgruppen, 9–48; auch 234: v. GREYERZ, Late City, 197] oder landesherrliche Politik religiöse Minderheiten schützten, war absolute Konfessionshomogenität selten, wenn überhaupt je gegeben. Das daraus resultierende Minderheitenproblem hat die Forschung intensiv untersucht – die Exulanten (vgl. oben II, 2) ebenso wie den einheimischen konfessionellen Dissens und die Juden. Dabei wurde deutlich, daß – hauptsächlich bedingt durch das Reichsrecht – sich „vorwiegend ... katholische Residuen und Minoritäten ... über die Wechselfälle der Konfessionskämpfe hinweg behaupten" konnten, während „es evangelischen Minoritäten in vorwiegend katholischen Städten kaum je (gelang), sich über die Hochzeit der Konfessionalisierung hinweg zu halten" [265: RÜTH, Reformation, 280]. Dementsprechend fanden die teilweise bemerkenswert starken katholischen Minderheiten häufig Beachtung [etwa REUTER, in: 306: KIRCHGÄSSNER/REUTER, Randgruppen; 244: LANG, Katholiken; 303: HAHN, Kultur, 147 ff., 154 f.]. Das Schicksal der verschwindend kleinen protestantischen Minderheiten in katholischen Residenzstädten erhellt ETIENNE FRANÇOIS in seiner Koblenzstudie: Erst in den 1780er Jahren sorgten „einige hohe Beamte und Geistliche, die von der Idee der Aufklärung beeinflußt waren", gegen „die Mehrheit der städtischen Bevölkerung und des Klerus, (die) zwei Jahrhunderte eines unduldsamen Katholizismus" prägten, dafür, daß einzelne evangelische Kaufmannsfamilien in der Stadt zugelassen wurden. Sie erhielten die bürgerlichen Freiheiten und das Recht der Religionsausübung, nicht aber das Bürgerrecht. Die jüdische Gemeinde war nicht nur zahlenmäßig stärker (etwa 3% gegenüber knapp 1% der Einwohnerschaft), sie war auch stabiler und trotz mancher Restrik-

Mehrkonfessionalität und Minderheitenproblem

Katholische Minderheiten in evangelischen Städten

Evangelische Minderheiten in katholischen Städten

tionen von der katholischen Bürgerschaft weitgehender akzeptiert
als die Protestanten [298: FRANÇOIS, Koblenz, 127–133, Zitate 127;
ähnlich 18: DREYFUS, Mayence, 303 ff.]. Größere evangelische Minderheiten gab es in einigen katholischen Wirtschaftszentren, voran
in Köln, worüber einige neuere Untersuchungen vorliegen [216:
BECKER-JÁKLI, Protestanten; 294: EBELING, Bürgertum; 206:
SCHWERHOFF, Köln], die Vergleichsstudien anregen sollten, vor allem zu Aachen. Eine in den letzten Jahrzehnten intensivierte Täu-
ferforschung behandelt implizit oder explizit auch die Stellung der
Täufer als städtische Minderheit [etwa K. DEPPERMANN, in: 306:
KIRCHGÄSSNER/REUTER, Randgruppen, 161–182 für Augsburg und
Straßburg des 16. Jahrhunderts].

Die jüdischen   Noch kaum hinreichend untersucht ist das *Schicksal der jüdi-*
Minderheiten   *schen Minderheiten* in der deutschen Stadtgesellschaft der Frühen
Neuzeit. Einzelne Studien deuten darauf hin, daß sich nach den
Krisen im christlich-jüdischen Zusammenleben während des 16.
und frühen 17. Jahrhunderts eine Stabilisierung abzeichnete, die
den Juden vor allem in den Reichsstädten eine gewisse Rechts-
sicherheit brachte. So wurden die Verfahren wegen angeblicher Ri-
tualmorde an christlichen Kindern verrechtlicht und kamen dadurch bald zu einem Ende [1563 Worms: R. PO-CHIA HSIA, The
Myth of Ritual Murder, New Haven 1988, 163–196]. Trotz schwe-
Verfolgungen zu   rer Ausschreitungen und Pogrome konnten sich die Judengemein-
Beginn des   den in den rheinischen Städten behaupten. Denn die antijüdische
17. Jahrhunderts
und reichsrecht-   Politik in Worms und Frankfurt hatte keinen Erfolg mehr, und
liche Stabilisierung   zwar „nicht aus Vernunfts- oder Toleranzgründen, noch durch
ökonomischen Druck, sondern aufgrund der reichsrechtlichen Realität *(constitutional realities)* des Heiligen Römischen Reiches" [231:
FRIEDRICHS, Worms, 152]. Der Judenschutz war institutionalisiert
als Teil der städtischen Machtbalance, etwa in der Wetterauer
Reichsstadt Friedberg, wo ihn die Burgmannschaft im Auftrage
des Kaisers wahrnahm [215: BATTENBERG, Juden, I, 206 f., 252 f.;
interessante Bemerkungen auch in: 176: KOCH, Grundlagen,
133 ff., 350 f.]. In den Territorialstädten war der Judenschutz Sache
der absolutistischen Staatsgewalt [225a: EBELING, Braunschweig,
135 ff.].

       Untersuchungen zu Judengemeinden vor allem in nordwest-
deutschen Städten zeigen, daß im Zuge der frühmodernen Staats-
Städtische Juden-   bildung das Judenregal zwischen den Autonomiestädten und der
politik und landes-
herrlicher Juden-   Landesherrschaft heftig umstritten war und daß der Sieg des Terri-
schutz   torialprinzips den Juden in der Regel größere religiöse und rechtli-

che Freiheiten brachte. So belegt ROTRAUT RIES am Beispiel Braunschweigs einerseits einen Zusammenhang von Reformation und Ju-
denverfolgung, kann aber andererseits auch aufzeigen, daß die aus
wirtschaftlichen Erwägungen betriebene positive Judenpolitik des
Herzogs Julius von Braunschweig-Wolfenbüttel den Rahmen
setzte, „in dem sich städtische Judenpolitik nach der Reformation
in Braunschweig, aber nicht nur dort, abspielte" [14: Civitatum
Communitas, Bd. 2, 630–654, Zitat 647; ähnlich zu Lemgo: 197:
SCHILLING, Konfessionskonflikt, 228, 240, 354]. Wo die Landesherren freie Verfügungsgewalt hatten, wie vor allem in Neugründungen, dort erhielten die Juden wie der christliche Dissens bereits
früh weitreichende Religionsfreiheit, worüber die Untersuchungen
zu den *Exulanten- und Toleranzstädten* Zeugnis ablegen (vgl. oben
II, 2 und II, 4 c weiter unten).

Das Gegenbeispiel einer scharf antijüdischen Wendung frühmoderner Territorialstaatspolitik belegt die Monographie von RO-
LAND FLADE [228: Juden, 52ff.] zu den Juden in Würzburg. Dort   Der Sonderfall
kam es kurz nach 1560 aufgrund der Allianz zwischen traditionel-   Würzburg
ler Judenfeindschaft des Stadtbürgertums und einer aggressiv ge-
genreformatorischen Judenpolitik des Fürstbischofs Friedrich von
Wirsberg zur endgültigen Vertreibung, nachdem das Taufgebot so
gut wie einheitlich mißachtet worden war. Im Prinzip konnte aber
der einmal erteilte landesherrliche Judenschutz jederzeit widerrufen werden, wie das FRIEDRICH BATTENBERG am Beispiel von Hessen-Darmstadt zeigt, wo anläßlich des Thronwechsels 1661/62 die
Juden aus den Städten auf das Land verwiesen wurden [in: 229:
FRANZ, Juden, 46ff.]. In einigen der unabhängigen Städte waren es
die Ratsgremien, die den ursprünglich aus wirtschaftspolitischen
Gründen aufgenommenen jüdischen Gemeinden ein gewisses Maß
an religiöser Freiheit garantierten, und zwar auch gegen Proteste
der Geistlichkeit oder der Bürgerschaft, im lutherischen Hamburg   Ratsherrliche Tole-
nicht anders als im calvinistischen Emden [283: WHALEY, Tolera-   ranzpolitik in Ham-
tion, 70–110; 221: BRILLING, Emden; M. SMID, Ostfriesische Kir-   burg und Emden
chengeschichte, Leer 1974, 243, 276]. Nach Überwindung der konfessionellen Orthodoxie waren es aber bisweilen gerade aufgeklärte   Aufgeklärte Juden-
Geistliche, die für eine Besserstellung der jüdischen Gemeinden   politik in Mainz
eintraten, wie es F. G. DREYFUS für Mainz gezeigt hat [18: May-
ence, 310–320].

Ungeachtet dieser mehr oder weniger sicheren obrigkeitlichen
Schutzpolitik waren die jüdischen Gemeinden innerhalb der stadtbürgerlichen Gesellschaften des Alten Reiches isolierte Minderhei-

ten. Wie sie ihre Religion und Kultur weitgehend unberührt von
den Strömungen innerhalb ihrer christlichen Umwelt fortentwickel-
ten, ist Gegenstand judaistischer Spezialstudien sowie einiger weniger Gesamtdarstellungen, voran derjenigen von FRIEDRICH BATTEN-
BERG [215: Juden, v. a. Bd. 2, 34–109; daneben weiterhin hilfreich
K. SCHILLING (Hrsg.), Monumenta Judaica. 2000 Jahre Geschichte
und Kultur der Juden am Rhein, Köln 1963].

*Integration der
jüdischen in die
allgemeine Stadt-
geschichte notwen-
dig*   Die Sozial-, Geistes- und Religionsgeschichte der jüdischen
Minderheiten in die allgemeine Stadtgeschichte der Frühen Neuzeit zu integrieren, bleibt ein Forschungsdesiderat. [Wichtige Ansätze finden sich bei 260: REUTER, Warmaisa; 283: WHALEY, Toleration, 70–110; 218: DREYFUS, Mayence, 310–320; 298: FRANÇOIS,
Koblenz, 130–133]. Besser erforscht sind die Emanzipation seit
dem ausgehenden 18. Jahrhundert und der dadurch eingeleitete
Übergang des jüdischen Minderheitenproblems aus der stadtbürgerlichen Gesellschaft des Alten Reiches in die bürgerliche Gesellschaft des 19. Jahrhunderts [zusammenfassend 215: BATTENBERG,
Juden, Bd. 2, 62–130; 308: KOPITZSCH, Hamburg und Altona,
502 ff., 758 ff.].

*Parität in den ober-
deutschen Reichs-
städten*   Zum Sonderfall reichsrechtlich festgelegter, man kann auch
sagen „erzwungener" Parität zwischen Protestanten und Katholiken in den oberdeutschen Reichsstädten liegen jetzt zwei große, zusammenfassende und zugleich in neue Fragezusammenhänge vor-
stoßende Fallstudien vor – die eine von PAUL WARMBRUNN zu
Augsburg, Biberach, Dinkelsbühl und Ravensburg für die Zeit vor
1648, die andere von ETIENNE FRANÇOIS zu Augsburg für die anschließende Epoche bis 1806, als zusammen mit dem Alten Reich
auch die alteuropäische Rechtsinstitution konfessioneller „Parität"
unterging [280: WARMBRUNN, Konfessionen; 230: FRANÇOIS,
Grenze]. Beide Bücher behandeln reichsstädtische Parität als die
spezifisch deutsche Lösung des allgemeineuropäischen Konfessio-
nenproblems. Beide Autoren wollen die gesamtgesellschaftlichen
Implikationen und Konsequenzen für das alltägliche Leben in den
Reichsstädten erfassen. Warmbrunn geht es namentlich um die
Stellung beider Kirchen als Körperschaften, um Ehe, Bildungswesen, Fürsorge und Sittenzucht, um die politische Elite sowie den
interkonfessionellen Konflikt und seine Lösungsmöglichkeiten.
François bestimmt mit virtuosem Einsatz des modernen sozialwis-
senschaftlichen Instrumentariums der Annales-Gruppe das Profil
der beiden Konfessionen in den drei Dimensionen Demographie;
Wirtschaft und Gesellschaft (struktur- und entwicklungsgeschicht-

lich ebenso wie alltagsgeschichtlich); Kultur (Identität und Abgrenzung bei Festen, Vornamensgebung u. ä.; Mischehen- und Konver-
sionsverbot und dessen Übertretung). Über die Tiefenwirkung der
„unsichtbaren Grenze" und die Rolle der Parität bei der Überwindung des frühneuzeitlichen Konfessionalismus und der Ausbreitung bürgerlicher Toleranz kommen die Autoren zu abweichenden
Einschätzungen, was weniger an Unterschieden in Methode, be-
nutzten Quellen oder persönlichen Einstellungen liegt als an den
behandelten Zeitabschnitten. Ungeachtet des entgegengesetzten Be-
fundes für die von ihm selbst untersuchte Phase 1548–1648 formu-
liert WARMBRUNN von der Warte des im Westfälischen Frieden Erreichten die entwicklungsgeschichtlich gemeinte These, daß die
„bikonfessionell-paritätischen Städte als Vorreiter und Bahnbre-
cher" hin zu mehr Toleranz gewirkt hätten, weil „in einem langen
Lernprozeß die Einwohner beider Konfessionen zu einer toleranten Haltung dem Mitbürger, der die eigene Glaubensüberzeugung
nicht teilte, gegenüber veranlaßt wurden" [280: Konfessionen, 405].
Die Sonden, die FRANÇOIS zur Erfassung der geistigen und strukturellen Tiefenwirkungen der Parität in den folgenden anderthalb
Jahrhunderten anlegt, fördern eine ganz andere Realität zutage,
nämlich „die existentielle Wirklichkeit einer Grenze, die alles andere als ein Überbauphänomen darstellt" [230: Grenze, 221]. Ungeachtet flexibler Veränderbarkeit über die Generationen hin [ebd.,
223] und unbeschadet der Tatsache, daß ganze Lebensbereiche sich
der Konfessionalisierung entzogen und in der Sicherung von
Wohlstand und innerstädtischem Frieden eine interkonfessionelle
Interessengemeinschaft bestand [ebd., 228 ff.], blieben die konfessionellen Identitäten bis zum Ende des Alten Reiches stabil, und
zwar „über die rein kirchlich-theologische und verfassungsmäßige
Dimension hinaus" als „echte Lebensform sowohl im öffentlichen
als auch im privaten Bereich, die Mentalitäten und Verhalten entscheidend prägte". Das war eine Folge der engen Verbindung zwischen Konfessionszugehörigkeit und den drei „Realitätsebenen"
Familie, Raum, Zeit und Geschichte. François zeichnet indes kein
Schwarz-Weiß-Gemälde, sondern ein Bild in abgestuften Grautö-
nen! Lutheraner und Katholiken waren in Augsburg „durch gemeinsame Interessen und gegenseitige Abhängigkeiten, einander
geleistete Dienste und nachbarschaftlichen Zusammenhalt auf viel-
fältige Weise miteinander verbunden" [230: Grenze, 229]. Die Pole-
mik nahm seit Mitte des 18. Jahrhunderts deutlich ab. Und in der
Praxis der Bikonfessionalitäten stellten die „Betonung von Unter-

Das Urteil von P. WARMBRUNN

„Die unsichtbare Grenze" nach E. FRANÇOIS

Bürgerliche Interessengemeinschaft in der Konfessionsspaltung

schieden und Toleranz … die beiden einander ergänzenden Seiten ein und derselben Realität dar" [230: Grenze, 230]. Voraussetzung für diese Symbiose war aber die durch die Parität garantierte Sicherheit [ebd., 227] und damit der Konfessionalismus. Die reichsstädtische Realität zu Ende des 18. Jahrhunderts stellt sich in der religionssoziologischen Sicht also ganz ähnlich dar wie in der allgemeinen Verfassungs- und Gesellschaftsgeschichte (II, 3b): Die Verhältnisse waren keineswegs so elend, wie sie die zeitgenössischen Beobachter durch die Brille der Aufklärung beschrieben. Sie waren unter den Einwohnern der Städte weitgehend akzeptiert. Aber gerade das imprägnierte sie gegen den grundsätzlichen Wandel von innen heraus. Die moderne Toleranz hatte es in der reichsstädtischen Gesellschaft ebenso schwer wie die modernen Partizipationsmuster, weil sie das breit akzeptierte System sprengten. Ähnlich wie bei der politischen Kultur des Stadtbürgertums wird man, ungeachtet dieser Entwicklungsbarrieren, auch vom geregelten Miteinander entgegengesetzter Weltanschauungssysteme im Rahmen der Parität sagen können, daß es ein historisches Modell war für ein vernünftiges Miteinander im alltäglichen Leben, dem in der historisch-politischen Kultur Deutschlands und Europas ein gebührender Platz zukommt. Das betont auch FRANÇOIS, wenn er das Zusammenleben der Konfessionen im frühneuzeitlichen Augsburg mit dem „Miteinander trotz und in der Trennung" vergleicht, das verantwortungsvolle Politiker in den siebziger und achtziger Jahren unseres Jahrhunderts zwischen den beiden deutschen Staaten anstrebten [230, Grenze, 229]. In dieser Perspektive hebt sich dann auch der Widerspruch zwischen der Einschätzung der längerfristigen Wirkung der Parität bei François und Warmbrunn teilweise auf.

Ratsstädtische Parität und historisch politische Kultur

Ohne den rigiden reichsrechtlichen Paritätsrahmen entstanden multikonfessionelle Verhältnisse in den *Flüchtlingsstädten* (vgl. oben II, 2) und in zahlreichen *Frei- und Toleranzstädten*, die ihre Existenz dem Willen toleranter und ökonomisch weitblickender Landesherren verdankten, die Fähigkeiten und den bekannten Fleiß der religiösen Minderheiten für den Aufbau ihres frühmodernen Territorialstaates zu nutzen. Diese Politik förderte die Ansiedlung auch der protestantischen Denominationen am Rande oder außerhalb der Konfessionskirchen sowie der Juden. Hierüber geben eine Reihe von Spezialuntersuchungen zu Hanau, Glückstadt, Friedrichstadt, Altona und Stade Auskunft [79: BOTT, Hanau, II, 53, 94, 108, 149, 153; 262: ROSENTHAL, Hanau; 107: KÖHN, Glück-

Landesherrliche Toleranzpolitik und städtische Minderheiten

stadt, 127 ff., 165 f.; 271: SCHNOOR, Friedrichstadt; K. WÄCHTER, in: 145: WORTMANN, Stadtgründungen, aus städtebaulicher Sicht; 246: MARWEDEL, Altona; 308: KOPITZSCH, Hamburg und Altona, 118, 219 f., 233 ff.; auch 215: BATTENBERG, Juden, I, 257 ff., II, 44 ff.]. Peuplierung und religiöse Toleranz in Neuwied, einem späten, aber besonders markanten Fall, der vor allem im Zusammenhang mit dem Möbelunternehmen David Roentgen immer wieder erwähnt, bislang aber nicht sorgfältig beschrieben wurde, analysiert STEFAN VOLK detailliert und kenntnisreich [279: VOLK, Peuplierung]. Von den sieben in der Grafschaft Wiedschen Residenzstadt schließlich existierenden Religionsgemeinschaften (Reformierte als die Konfession des Landesherrn, Lutheraner, Katholiken, Mennoniten, Inspirierte, Herrnhuter und Juden) hat allein die 1756 nach ihrem Scheitern im Büdingischen als letzte geschlossene Glaubensgemeinschaft in Neuwied aufgenommene Brüdergemeine des Grafen Zinzendorf eine ausführliche, vor allem auf ihre sozioökonomische Stellung innerhalb der Stadtgesellschaft abhebende Untersuchung gefunden [276: STRÖHM, Herrnhuter]. Auf landesherrlichem Willen und utilitaristischen Erwägungen beruhend, hatte das Neuwieder Toleranzmodell bis ins 18. Jahrhundert hinein selbst die Menschen noch kaum überzeugt, die „die Erfahrung eigener Verfolgung" eines Besseren hätte belehren sollen. „Schließlich setzte sich aber eine Modernität des Denkens durch, die Neuwied zu einem kleinen Zentrum der Aufklärung am Mittelrhein werden ließ" [279: VOLK, Peuplierung, 231].

Das Beispiel Neuwied

Ein Beispiel „*via facti*", d. h. durch politische und dynastische Umbrüche, entstandener städtischer Multikonfessionalität analysiert PETER ZSCHUNKE in seiner Monographie zu der kurpfälzischen Kleinstadt Oppenheim [285: Oppenheim]. Aufgrund der bewegten Pfälzer Konfessionspolitik waren Ende des 16. Jahrhunderts von den rund 2000 Einwohnern etwa 60% reformiert, 35% lutherisch und 3% bzw. 2% katholisch oder jüdisch, ein Verhältnis, das sich seit dem ausgehenden 17. Jahrhundert rasch und radikal zugunsten der Katholiken verschob (1801 49% gegenüber 22% Lutheranern und 25% Reformierten). Trotz dieses Umsturzes in der Konfessionsstatistik ergibt die konfessionssoziologische Analyse für den Alltag in Oppenheim ein ganz ähnliches Bild wie es François für die paritätische Reichsstadt zeichnet: „Die lutherische oder reformierte Winzerfamilie (empfand) ... sehr wohl die Andersartigkeit des katholischen Nachbarhauses." Protestanten und Katholiken unterschieden sich auch sehr deutlich in Einkommen und Vermö-

P. ZSCHUNKE: Oppenheim als multikonfessionelle Landstadt

gen, beim Heiratsverhalten, bei der Zukunftsvorsorge (gemessen an
der Vorratshaltung an Getreide) und selbst bei der Fertilität und
der Haushaltsgröße, wobei es vor allem die reformierten Familien
waren, die eine rationale, zielgerichtete Lebensstrategie an den Tag
legten und vermögensmäßig wie sozioprofessionell am höchsten

**Der städtische All-
tag – konfessionelle
Trennung, aber
keine Fundamen-
talfeindschaft**

plaziert waren. Das bewußt erlebte Trennende wurde aber nicht
zur Fundamentalfeindschaft, weil für die Oppenheimer „konfessionelle Identität und die Begegnung mit der fremden Konfession ...
eine völlig andere Bedeutung hatte als auf der Ebene der Synoden
und Konzile, Fürstenhöfe und Reichstage" [Zitate VIII].

Der bis 1650 dominante und danach weiterhin tief in der deutschen Gesellschaft verankerte Konfessionalismus war nie ganz un-
bestritten. Bereits in der Reformation selbst wurden Modelle der

**Die Trennung von
Stadt und Kirche
nach den Vorstel-
lungen des prote-
stantischen Dissen-
ses**

Entkopplung von Staat und Kirche und eines toleranten Miteinan-
ders verschiedener Glaubensrichtungen diskutiert. Diese Strömungen waren einerseits Ausdruck des offenen bürgerlichen Diskurses
im Zeichen von Humanismus und christlichem Erneuerungswillen.
Das haben vor allem GOTTFRIED SEEBASS, MARC LIENHARD und
KLAUS DEPPERMANN am Beispiel süddeutscher Reichsstädte gezeigt
[G. SEEBASS, in: 247: MOELLER, Stadt und Kirche, 66–86, hier 81 f.;
245: LIENHARD, Toleranz; K. DEPPERMANN, Melchior Hoffmann,
Göttingen 1979, v. a. 139–270]. Andererseits fanden diese Alterna-
tivmodelle zu der auf Konfessionalisierung angelegten Reformation gerade in den Städten mit starken gemeindlich-kommunalen
Strukturen keinen Rückhalt. Denn indem sie „die einheitliche sa-
krale Fundierung des Bürgerverbandes in Frage stellten" und den
genossenschaftlichen Grundkonsens gefährdeten, liefen diese radikalen Forderungen den religiös-kirchlichen Vorstellungen des ge-
meindlich-genossenschaftlich denkenden Stadtbürgertums ebenso
zuwider wie dessen politischer Kultur [268: SCHILLING, Konzepte,
mit Bezug auf die norddeutschen Städte; ähnlich am Beispiel
Nürnbergs und den staatskirchenrechtlichen Vorstellungen Lazarus
Spenglers, 237: HAMM, Stadt, v. a. 719].

Toleranz und religiös-weltanschaulicher Pluralismus konnten
angesichts dieses Sachverhaltes in Deutschland nicht das Produkt
der stadtbürgerlichen Gesellschaft im eigentlichen Sinne sein. Sie
entwickelten sich vornehmlich im Denken eines aufgeklärten Bil-
dungsbürgertums, das die Grenzen der alteuropäischen Städte
längst überwunden hatte und dem die gemeindlich-genossenschaftlichen Prinzipien, einschließlich ihrer religiös-sakralen Fundierung,
zutiefst fremd geworden waren. Selbst für die Hansestädte, wo das

aufgeklärte Bürgertum Ende des 18. Jahrhunderts relativ stark war, kommt FRANKLIN KOPITZSCH in seiner großen Untersuchung zur städtischen Aufklärung in Hamburg und Altona [308: Hamburg und Altona] zu dem Ergebnis, daß „es erst der Revolution von 1848/49 (bedurfte), um die Toleranzpolitik der Aufklärung mit Nachdruck wieder aufzunehmen und sie formalrechtlich abzuschließen" [ebd., 522]. Die entschiedene Verwirklichung neuer Grundsätze des bürgerlichen Zusammenlebens erfolgte durch den Staat und seine vom aufgeklärten Absolutismus geprägte Beamtenschaft. Die Stadt-Kirche-Problematik wurde in der letzten Phase der Frühen Neuzeit ganz und gar von diesen außer- und überstädtischen Zusammenhängen bestimmt. Dementsprechend verliert im 18. Jahrhundert auch das Forschungsfeld „Stadt und Kirche" seine Konturen. Es geht gleichsam in der allgemeinen Geschichte auf [zusammenfassend jetzt KLAUS SCHREINER, Toleranz, in: Geschichtliche Grundbegriffe, Bd. 6, Stuttgart 1990, 445–605, zu den Städten v. a. 537 ff.]. Nur für die großen unabhängigen Kommunen gibt das Paradigma „Stadt und Kirche" bis zum Ende des Alten Reiches und darüber hinaus noch Sinn, wie es JOACHIM WHALEY nachdrücklich für Hamburg gezeigt hat [283: WHALEY, Toleration]. Demgegenüber dokumentieren die Untersuchungen zum Kirchenregiment der süddeutschen Reichsstädte für die Spätzeit im wesentlichen die rechtliche und institutionelle Statik [238: HANIEL, Kirchenhoheit; 272: SCHRÖDER, Kirchenregiment].

Nachdem die rechtlichen, politischen und gesellschaftlichen Umbrüche des ausgehenden 18. und 19. Jahrhunderts auch die alteuropäische strukturelle Verzahnung von Staat und Kirche beseitigt hatten, war die Einheit von stadtbürgerlicher und kirchlicher Gemeinde, die in den größeren, dynamischen Städten real längst verschwunden war, auch rechtlich und der Idee nach obsolet, wenngleich die formelle Trennung von Staat und Kirche häufig erst wesentlich später erfolgte [in Hamburg 1870, 308: KOPITZSCH, Hamburg und Altona, 521]. In dieser neuen Konstellation gingen nun Urbanisierung und Säkularisierung eine innere Allianz ein, wie es im Mittelalter und zu Beginn der Neuzeit Urbanisierung und Verchristlichung getan hatten [interessante religionssoziologische Beobachtungen: 233: GREINACHER, Kirche, v. a. 177–209]. Dessenungeachtet sind Kirche und Religion auch innerhalb der Geschichte des 19. Jahrhunderts zentrale Forschungsfelder, aber kaum einer speziellen Stadtgeschichte, sondern der allgemeinen Sozial-, Geistes- und Politikgeschichte. In der neuesten Geschichte ist folg-

Stadt und Aufklärung

Die epochale Grenze für das Paradigma „Stadt und Kirche"

Die veränderten Rahmenbedingungen im 19. Jahrhundert

lich das Paradigma „Stadt und Kirche" aus sachlichen Gründen aufgehoben in den übergreifenden Forschungsfeldern „Kirche und Gesellschaft" oder „Bürgertum und Religion". Hierzu hat insbesondere THOMAS NIPPERDEY maßgebliche Arbeiten vorgelegt [Religion und Gesellschaft: Deutschland um 1900, München 1988; DERS., Deutsche Geschichte 1800–1866, München 1983, 403–450; DERS., Deutsche Geschichte 1866–1918, 2 Bde., München 1990, hier vor allem Bd. 1, 428–530; DERS., Religion im Umbruch. Deutschland 1870–1918. München 1988.].

Das neue Paradigma „Kirche und Gesellschaft" oder „Bürgertum und Religion"

III. Quellen und Literatur

Die Abkürzungen der Zeitschriften entsprechen den Siglen der Historischen Zeitschrift.

A. Allgemeines

1. Forschungszentren

Die allgemeine Geschichte hat sich in den letzten Jahren intensiv der Stadt und dem Bürgertum zugewandt, so daß eine Reihe von Neuzeitlehrstühlen entsprechende Forschungszentren aufgebaut haben. Die beiden wichtigsten Zentren zur neuzeitlichen Stadt- und Bürgertumsforschung sind derzeit:
– Universität *Bielefeld*, SFB 177: Sozialgeschichte des neuzeitlichen Bürgertums: Deutschland im internationalen Vergleich (vgl. dessen „Arbeits- und Ergebnisberichte");
– Universität *Frankfurt*, Lehrstuhl Gall, Leibniz-Preis-Forschungsprojekt „Stadt und Bürgertum im 19. Jahrhundert" (mit Rückgriffen ins 18. Jahrhundert).
Von den stadtgeschichtlichen Spezialinstituten befassen sich mit der frühneuzeitlichen Stadt:
– das Institut für vergleichende Städtegeschichte der Universität *Münster*;
– der Österreichische Arbeitskreis für Stadtgeschichtsforschung am Stadtarchiv *Linz*;
– der Südwestdeutsche Arbeitskreis für Stadtgeschichtsforschung, *Sigmaringen*;
– der Hansische Geschichtsverein in *Lübeck*.
Des weiteren bestehen lokale Forschungszentren an den Archiven und bei den Historischen Vereinen der einzelnen Städte, besonders leistungsfähige in Augsburg, Frankfurt, Hamburg, Köln, Lübeck und Nürnberg.

2. Zeitschriften und Reihen; Handbücher, Bibliographien und Literaturberichte

a) Zeitschriften und Reihen

(Neben den lokal übergreifenden stadtgeschichtlichen Zeitschriften und Reihen gibt es Dutzende von Zeitschriften und Reihen zu einzelnen Städten, meist herausgegeben von den am jeweiligen Stadtarchiv ansässigen Geschichtsvereinen, von denen hier nur einige wichtige exemplarisch genannt werden können. – Kompletter Überblick in: 1., Bibliographie, 5–17.)

Die alte Stadt. Bd. 1 ff., 1974 ff. (zunächst: Zeitschrift für Stadtgeschichte, Stadtsoziologie und Denkmalspflege).

Esslinger Studien. Jahrbuch für Geschichte der oberdeutschen Reichsstädte. Bd. 1 ff., 1956 ff.

Hansische Geschichtsblätter. Bd. 1 ff., 1871 ff.

Archiv für Frankfurts Geschichte und Kunst. Bd. 1 ff., 1839 ff.

Jahrbuch des Kölnischen Geschichtsvereins. Bd. 1 ff., 1912 ff.

Mitteilungen des Vereins für Geschichte der Stadt Nürnberg. Bd. 1 ff., 1879 ff.

Zeitschrift des Vereins für Hamburgische Geschichte. Bd. 1 ff., 1841 ff.

Zeitschrift des Vereins für Lübeckische Geschichte und Altertumskunde. Bd. 1 ff., 1860 ff.

Abhandlungen zur Handels- und Sozialgeschichte. Hrsg. von der Hansischen Arbeitsgemeinschaft der Historiker-Gesellschaft der DDR. Bde. 1–27. Weimar 1958–1989. (Bd. 28 ff. Weimar 1991 ff. Hrsg. vom Hansischen Geschichtsverein.)

Beiträge zur Geschichte der Städte Mitteleuropas. Hrsg. v. W. Rausch. Linz/Donau 1963 ff. (Einzeltitel: 1., Bibliographie, 13).

L. GALL (Hrsg.), Stadt und Bürgertum. München 1990 ff.

W. MAGER/K. SCHREINER/H.-J. PUHLE/H.-U. WEHLER (Hrsg.), Bürgertum. Beiträge zur europäischen Gesellschaftsgeschichte. Bd. 1 ff. Göttingen 1991 ff. (Reihe des Bielefelder SFB 177).

Neue Hansische Studien. Bd. 1 ff. Berlin (DDR) 1970 ff., ab Bd. 3, 1975, Weimar (Einzeltitel: 1., Bibliographie, 13).

Stadt in der Geschichte. Veröffentlichungen des Südwestdeutschen Arbeitskreises für Stadtgeschichtsforschung. Bd. 1 ff. Sigmaringen 1977 ff. (Einzeltitel: 1., Bibliographie, 16).

Städteforschung. Veröffentlichungen des Instituts für Vergleichende

Städtegeschichte in Münster. Reihe A: Darstellungen. Bd. 1 ff. Köln 1976 ff. (Einzeltitel: 1., Bibliographie, 15).

b) Handbücher, Bibliographien und Literaturberichte

1. Bibliographie zur deutschen historischen Städteforschung. Hrsg. von W. EHRECHT/H. STOOB/B. SCHRÖDER. Teil 1. Köln/Wien 1986.
2. Bibliographie zur Geschichte der Städte Österreichs. Hrsg. von W. Rausch. Linz/Donau 1984.
3. O. BORST, Historische Stadtforschung, 1980–1990. Ein Literaturbericht, in: Die alte Stadt 18 (1991) 198–211.
4. W. EHRECHT, Neue Veröffentlichungen zur vergleichenden Städtegeschichte, in: BlldtLG 116 (1980) 393–454, 117 (1981) 595–665, 123 (1987) 299–604.
5. E. KEYSER (Hrsg.), Deutsches Städtebuch. Handbuch städtischer Geschichte. Bd. 1 ff. Stuttgart 1939 ff.
6. E. KEYSER (Hrsg.), Bibliographie zur Städtegeschichte Deutschlands. Köln/Wien 1969.

B. Literatur

0. Allgemeine und übergreifende Darstellungen

(auch Historiographie und Gesamtdarstellungen zu einzelnen Städten)

7. I. BÁTORI, Die Reichsstadt Augsburg im 18. Jahrhundert. Verfassung, Finanzen und Reformversuche. Göttingen 1969.
8. W. BESCH et alii (Hrsg.), Die Stadt in der europäischen Geschichte. Festschrift für Edith Ennen. Bonn 1972.
9. H. BÖHME, Frankfurt und Hamburg. Des Deutschen Reiches Silber- und Goldloch und die allerenglischste Stadt des Kontinents. Frankfurt am Main 1968.
10. O. BORST, Babel oder Jerusalem. Sechs Kapitel Stadtgeschichte. Stuttgart 1984.
11. J. BRACKER (Hrsg.), Die Hanse. Lebenswirklichkeit und Mythos. Katalog zur gleichnamigen Ausstellung des Museums für Hamburgische Geschichte. 2. Bde. Hamburg 1989.
12. M. BURKHARDT/W. DOBRAS/W. ZIMMERMANN, Konstanz in der frühen Neuzeit. Reformation. Verlust der Reichsfreiheit. Österreichische Zeit. Konstanz 1991.
13. J. CALLIESS/J. RÜSEN/M. STRIEGNITZ (Hrsg.), Mensch und Umwelt in der Geschichte. Pfaffenweiler 1989.
14. Civitatum Communitas. Studien zum europäischen Städtewesen. Festschrift Heinz Stoob. 2 Bde. Köln 1984.
15. K. CZOK, Die Stadt. Ihre Stellung in der deutschen Geschichte. Leipzig/Jena/Berlin 1969.
16. K. CZOK, Das alte Leipzig. 2. Aufl. Leipzig 1985.
17. D. DENECKE/H.-M. KÜHN, Göttingen. Geschichte einer Universitätsstadt. 3 Bde. Göttingen 1987.
18. F. G. DREYFUS, Sociétés et mentalités à Mayence dans le seconde moitié du XVIIIe siècle. Paris 1968.
19. K. DÜWELL/F. IRSIGLER (Hrsg.), Trier in der Neuzeit. Trier 1988.
20. W. EGER (Hrsg.), Geschichte der Stadt Speyer. 2 Bde. Stuttgart 1982.

21. W. EHBRECHT/H. SCHILLING (Hrsg.), Niederlande und Nordwestdeutschland. Studien zur Regional- und Stadtgeschichte Nordwestkontinentaleuropas. Köln/Wien 1983.

22. R. ENDRES, Die Stadt – der primäre Lebenszusammenhang der bürgerlichen Gesellschaft, in: Literatur und Volk im 17. Jahrhundert. Hrsg. von W. BRÜCKNER/P. BLICKLE/D. BREUER. Wiesbaden 1985, 89–109.

23. E. ENNEN/F. IRSIGLER (Hrsg.), Die frühneuzeitliche Stadt, in: Westfälische Forschungen 24 (1972) 5–63.

24. E. ENNEN, Gesammelte Abhandlungen zum europäischen Städtewesen und zur rheinischen Geschichte. Bd. I. Bonn 1977. Bd. II. Bonn 1987.

25. P. FASSL, Konfession, Wirtschaft und Politik. Von der Reichsstadt zur Industriestadt. Augsburg 1750–1850. Sigmaringen 1988.

26. E. FRANÇOIS, Des républiques marchandes aux capitales politiques, in: Revue d'Histoire Moderne et Contemporaine 25 (1978) 578–603.

27. E. FRANÇOIS/E. GRAF WESTERHOLT (Hrsg.), Berlin. Capitale, Mythe, Enjeu. Nancy 1988.

28. Frankfurt am Main. Die Geschichte der Stadt in neun Beiträgen. Sigmaringen 1991.

29. K. GERTEIS, Die deutschen Städte in der frühen Neuzeit. Zur Vorgeschichte der ‚bürgerlichen Welt'. Darmstadt 1986.

30. G. GOTTLIEB u.a. (Hrsg.), Geschichte der Stadt Augsburg von der Römerzeit bis zur Gegenwart. Stuttgart 1984.

31. A. GRASSMANN (Hrsg.), Lübeckische Geschichte. Lübeck 1988.

32. K. GRUBER, Die Gestalt der deutschen Stadt. 4. Aufl. München 1983.

33. W. GUTSCHE (Hrsg.), Geschichte der Stadt Erfurt. 2. Aufl. Weimar 1989.

34. D. HÖROLDT (Hrsg.), Bonn als kurkölnische Haupt- und Residenzstadt, 1597–1794. Bonn 1989.

35. E. ISENMANN, Die deutsche Stadt im Spätmittelalter, 1250–1500. Stuttgart 1988.

36. W. JOCHMANN/H.-D. LOOSE (Hrsg.), Hamburg. Geschichte der Stadt und ihrer Bewohner. Bd. 1. Hamburg 1982.

37. H. H. KASPER/E. WÄCHTLER (Hrsg.), Geschichte der Bergstadt Freiberg. Weimar 1986.

38. J.-P. KINTZ, La Société strasbourgeoise du milieu du XVIe siècle

à la fin de la guerre de trente ans, 1560–1650. Essai d'histoire démographique, économique et sociale. Paris 1984.

39. K. KRÜGER, Die deutsche Stadt im 16. Jahrhundert. Eine Skizze ihrer Entwicklung, in: Z. f. Stadtgesch. 2 (1975) 31–47.

40. K. KRÜGER (Hrsg.), Europäische Städte im Zeitalter des Barock. Gestalt – Kultur – Sozialgefüge. Köln/Wien 1988.

41. F. LÖFFLER, Das alte Dresden. Geschichte seiner Bauten. 8. Aufl. Frankfurt an der Oder 1987.

42. G. LUNTOWSKI (Hrsg.), Dortmund. 1100 Jahre Stadtgeschichte. Dortmund 1982.

43. H. MAUERSBERG, Wirtschafts- und Sozialgeschichte zentraleuropäischer Städte in neuerer Zeit. Göttingen 1960.

44. C. MECKSEPER (Hrsg.), Stadt im Wandel. Kunst und Kultur des Bürgertums in Norddeutschland 1150–1650. 4 Bde. Stuttgart 1985.

45. O. MÖRKE, Die Ruhe im Sturm. Die katholische Landstadt Mindelheim unter der Herrschaft der Frundsberg im Zeitalter der Reformation. Augsburg 1991.

46. G. OESTREICH, Strukturprobleme der frühen Neuzeit. Berlin 1980.

47. G. PFEIFFER (Hrsg.), Nürnberg. Geschichte einer europäischen Stadt. München 1971.

48. V. PRESS (Hrsg.), Städtewesen und Merkantilismus. Köln/Wien 1983.

49. V. PRESS, Die Reichsstadt in der altständischen Gesellschaft, in: Neue Studien zur frühneuzeitlichen Reichsgeschichte. Hrsg. von J. Kunisch. Berlin 1987, 9–42.

50. H. PREUSS, Die Entwicklung des deutschen Städtewesens. Leipzig 1906. ND Aalen 1965.

51. W. RAUSCH (Hrsg.), Die Stadt an der Schwelle der Neuzeit. Linz/Donau 1980.

52. W. RAUSCH (Hrsg.), Die Städte Mitteleuropas im 17. und 18. Jahrhundert. Linz/Donau 1981.

53. W. RAUSCH (Hrsg.), Städtische Kultur in der Barockzeit. Linz/Donau 1982.

54. Reichsstädte in Franken. 3 Bde. München 1987.

55. W. REININGHAUS, Gewerbe in der frühen Neuzeit. München 1990.

56. W. RIBBE (Hrsg.), Geschichte Berlins. 2. Aufl., München 1988.

57. B. ROECK, Eine Stadt in Krieg und Frieden. Studien zur Geschichte der Reichsstadt Augsburg. 2 Teile. Göttingen 1989.

58. H. RÜTHING, Höxter um 1500. Analyse einer Stadtgesellschaft. Paderborn 1986.
59. H. SCHILLING, Civic Calvinism in Northwest Germany and the Netherlands. Kirksville 1992.
60. G. VON SCHMOLLER, Deutsches Städtewesen in älterer Zeit. Bonn 1922. ND Aalen 1964.
61. L. SCHORN-SCHÜTTE, Stadt und Staat. Zum Zusammenhang von Gegenwartsverständnis und historischer Erkenntnis in der Stadtgeschichtsschreibung der Jahrhundertwende, in: Die alte Stadt 10 (1983) 228–266.
62. H. SCHULTZ, Berlin 1650–1800. Sozialgeschichte einer Residenz. Berlin (DDR) 1987.
63. Å. G. SJOBERG, The Preindustrial City. New York 1960.
64. Stadtgemeinde und Stadtbürgertum im Feudalismus. Hrsg. von der Historikergesellschaft der DDR. Magdeburg 1976.
65. H. STOOB, Forschungen zum Städtewesen in Europa. Köln/ Wien 1970.
66. D. STIEVERMANN (Hrsg.), Geschichte der Stadt Biberach. Stuttgart 1991.
67. M. STÜRMER (Hrsg.), Herbst des Alten Handwerks. München 1979.
68. R. VIERHAUS (Hrsg.), Bürger und Bürgerlichkeit im Zeitalter der Aufklärung. Heidelberg 1981.
69. M. WALKER, German Home Towns. Community, State and General Estate, 1648–1871. Ithaca 1971.
70. W. ZORN, Handels- und Industriegeschichte Bayrisch Schwabens 1648–1970. Wirtschafts-, Sozial- und Kulturgeschichte des schwäbischen Unternehmertums. Augsburg 1961.

1. Demographie, Urbanisierung, Zentralörtlichkeit

71. H. AMMANN, Wie groß war die mittelalterliche Stadt?, in: Die Stadt des Mittelalters. Hrsg. von C. Haase. Bd. 1. Darmstadt 1978, 408–415.
72. H. VON ASTEN, Religiöse und wirtschaftliche Antriebe im niederrheinischen Montangewerbe, in: Rhein. Vjbll. 2 (1963) 62–83.
73. J. AUGEL, Italienische Einwanderung und Wirtschaftstätigkeit in rheinischen Städten des 17. und 18. Jahrhunderts. Bonn 1971.

74. P. BAIROCH u. a. (Hrsg.), La Population des villes européennes de 800 à 1850. Genf 1988.

75. M. BARKHAUSEN, Staatliche Wirtschaftslenkung und freies Unternehmertum, in: VSWG 45 (1958) 168–241.

76. P. BAUMGART/N. HAMMERSTEIN (Hrsg.), Beiträge zu Problemen deutscher Universitätsgründungen der Frühen Neuzeit. Nendeln 1978.

77. K. BLASCHKE, Bevölkerungsgeschichte von Sachsen bis zur industriellen Revolution. Weimar 1967.

78. H. H. BLOTEVOGEL, Zentrale Orte und Raumbeziehungen in Westfalen vor der Industrialisierung (1780–1850). Münster 1975.

79. H. BOTT, Gründung und Anfänge der Neustadt Hanau. 1596–1620. 2 Bde. Marburg 1970 und 1971.

80. N. BULST/J. HOOCK/F. IRSIGLER (Hrsg.), Bevölkerung, Wirtschaft und Gesellschaft. Stadt-Land-Beziehungen in Deutschland und Frankreich 14. bis 19. Jahrhundert. Trier 1983.

81. M. CHRISMAN, Lay Culture, Learned Culture: Books and Social Change in Strasbourg, 1480–1599. New Haven 1982.

82. W. CHRISTALLER, Die zentralen Orte in Süddeutschland. Eine ökonomisch-geographische Untersuchung über die Gesetzmäßigkeit der Verbreitung und Entwicklung der Siedlungen mit städtischen Funktionen. Jena 1933. ND Darmstadt 1968.

83. W. CONRING, Die Stadt- und Gerichtsverfassung der ostfriesischen Residenzstadt Aurich. Aurich 1966.

84. J. EBERHARDT, Jülich, Idealstadt der Renaissance. Die Planungen A. Pasqualinis und ihre Verwirklichung. Köln 1978.

85. H. EICHBERG, Militär und Technik. Schwedenfestungen des 17. Jahrhunderts in den Herzogtümern Bremen und Verden. Düsseldorf 1976; Teil 2: Festung, Zentralmacht und Sozialgeometrie, Köln/Wien 1989.

86. G. EIMER, Die Stadtplanung im schwedischen Ostseereich 1600–1715. Stockholm 1961.

87. R. ENDRES, Zur Einwohnerzahl und Bevölkerungsstruktur Nürnbergs im 15./16. Jahrhundert, in: Mitteilungen des Vereins für Geschichte der Stadt Nürnberg 57 (1970) 242–271.

88. E. ENNEN/M. VAN REY (Hrsg.), Probleme der frühneuzeitlichen Stadt, vorzüglich der Haupt- und Residenzstädte, in: Westfälische Forschungen 25 (1973) 168–213.

89. G. FRANZ, Der Dreißigjährige Krieg und das deutsche Volk. 4. Aufl. Stuttgart 1979.

90. C. R. FRIEDRICHS, Urban Society in an Age of War, Nördlingen 1580–1720. Princeton 1980.

91. H. T. GRÄF, The Impact of Territorial State Building on German Small Towns c. 1500–1800, in: Towns and Networks in Early Modern Europe. Hrsg. v. P. Clark. Leicester 1990, 56–68.

92. H. T. GRÄF, Kleinstädte in Hessen, 1500–1800, in: Mitteilungen des Oberhess. Geschver. N.F. 76 (1991) 13–34.

93. M. P. GUTMANN, The Dynamics of Urban Decline in the Late Middle Ages and Early Modern Times, in: Ninth International Economic History Congress. Bern 1986, 21–56.

94. C. HAASE, Die Entstehung der westfälischen Städte. 4. Aufl. Münster 1984.

95. P. HERTNER, Stadtwirtschaft zwischen Reich und Frankreich. Wirtschaft und Gesellschaft Straßburgs 1650–1714. Köln/Wien 1973.

96. H.-W. HERMANN/F. IRSIGLER (Hrsg.), Beiträge zur Geschichte der frühneuzeitlichen Festungs- und Garnisonsstadt. Saarbrücken 1983.

97. P. M. HOHENBERG/L. H. LEES, The Making of Urban Europe, 1000–1950. Cambridge, Mass. 1985.

98. R. HOLBACH, Exportproduktion und Fernhandel als raumbestimmende Kräfte. Entwicklungen in nordwesteuropäischen Gewerbelandschaften vom 13.–16. Jahrhundert, in: Jahrbuch für westdeutsche Landesgeschichte 13 (1987) 227–256.

99. A. E. IMHOF, Demographische Stadtstrukturen der frühen Neuzeit. Gießen und seine Umgebung im 17. und 18. Jahrhundert als Fallstudie, in: Z. f. Stadtgesch. 2 (1975) 190–227.

100. A. E. IMHOF (Hrsg.), Historische Demographie als Sozialgeschichte. Gießen und Umgebung vom 17. zum 19. Jahrhundert. 2 Teile. Darmstadt 1975.

101. S. JERSCH-WENZEL, Juden und Franzosen in der Wirtschaft des Raumes Berlin-Brandenburg zur Zeit des Merkantilismus. Berlin 1978.

102. H. JORDAN/H. WOLFF (Hrsg.), Werden und Wachsen der Wuppertaler Wirtschaft. Wuppertal 1977.

103. H. KELLENBENZ, Unternehmerkräfte im Hamburger Portugal- und Spanienhandel 1590–1625. Hamburg 1954.

105. H. KELLENBENZ (Hrsg.), Zwei Jahrtausende Kölner Wirtschaft. Köln 1975.

106. R. KIESSLING, Die Stadt und ihr Umland. Umlandpolitik, Bür-

gerbesitz und Wirtschaftsgefüge in Ostschwaben vom 14. bis ins 16. Jahrhundert. Köln/Wien 1989.

107. G. KÖHN, Die Bevölkerung der Residenz, Festung und Exulantenstadt Glückstadt von der Gründung 1616 bis zum Endausbau 1652. Neumünster 1974.

108. F. KOERNER, Die Bevölkerungsverteilung in Thüringen am Ausgang des 16. Jahrhunderts, in: Wissenschaftliche Veröffentlichungen des Deutschen Instituts für Länderkunde 15/16 (1958) 178–315.

109. F. KOERNER, Die Bevölkerungszahl und -dichte in Mitteleuropa zu Beginn der Neuzeit, in: Forschung und Fortschritt 33 (1959) 325–331.

110. T. KOHL, Familie und soziale Schichtung. Zur historischen Demographie Triers 1730–1860. Stuttart 1985.

111. K. KRATZSCH, Bergstädte des Erzgebirges. Städtebau und Kunst zur Zeit der Reformation. München 1972.

112. P. KRIEDTE, Die Stadt im Prozeß der europäischen Proto-Industrialisierung, in: Die alte Stadt 9 (1982) 19–51.

113. K. KRÜGER, Wandel des Stadtbildes durch Festungsbau – Oldenburg in dänischer Zeit, in: Oldenburger Jahrbuch 87 (1987) 47–108.

114. H. LANGER, Stralsund 1600–1630. Eine Hansestadt in der Krise und im europäischen Konflikt. Weimar 1970.

115. W. MAGER, Die Rolle des Staates bei der gewerblichen Entwicklungs Ravensbergs im vorindustriellen Zeitalter, in: Rheinland-Westfalen im Industriezeitalter. Hrsg. von K. Düwell/W. Köllmann. Bd. 1. Wuppertal 1983, 61–72.

116. E. MASCHKE/J. SYDOW (Hrsg.), Stadt und Universität im Mittelalter und in der früheren Neuzeit. Sigmaringen 1977.

117. F. MENDELS, ,,Proto-industrialization: theory and reality'', in: Eighth International Economic History Congress. General Reports. Budapest 1982, 67–107.

118. E. MEYNEN (Hrsg.), Zentralität als Problem der mittelalterlichen Stadtgeschichtsforschung. Köln/Wien 1979.

119. I. MITTENZWEI (Hrsg.), Hugenotten in Brandenburg-Preußen. Berlin (DDR) 1987.

120. R. MOLS, Introduction à la démographie historique des villes d'Europe du XIVᵉ au XVIIIᵉ siècle. 3 Bde. Louvain 1954–56.

121. R. MOLS, Die Bevölkerung Europas 1500–1700, in: C. M. Cipolla/K. Borchardt (Hrsg.), Europäische Wirtschaftsgeschichte. Bd. 2. Stuttgart 1979, 5–50.

122. E. Pitz, Steigende und fallende Tendenzen in Politik und Wirtschaftsleben der Hanse im 16. Jahrhundert, in: Hansische Geschichtsblätter 102 (1984) 39–77.

123. M. L. Pelus, Eine Hansestadt im Planetensystem des Sonnekönigs: Der Handel mit Frankreich und seine Bedeutung für die lübeckische Wirtschaft in der Epoche Ludwigs XIV., in: Zeitschrift des Vereins für Lübeckische Geschichte und Altertumskunde 65 (1985) 119–142.

124. Die Residenzstadt in Südwestdeutschland. Protokoll über die IV. Arbeitstagung des Arbeitskreises für südwestdeutsche Stadtgeschichtsforschung, in: Zeitschrift für Württembergische Landesgeschichte 25 (1966), Anhang 1–48.

125. J. Reulecke, Geschichte der Urbanisierung in Deutschland. Frankfurt am Main 1985.

126. B. Roeck, Bayern und der Dreißigjährige Krieg. Demographische, wirtschaftliche und soziale Auswirkungen am Beispiel Münchens, in: Geschichte und Gesellschaft 17 (1991) 434–458.

127. W. Rödel, Mainz und seine Bevölkerung im 17. und 18. Jahrhundert. Demographische Entwicklung, Lebensverhältnisse und soziale Strukturen in einer geistlichen Residenzstadt. Wiesbaden/Stuttgart 1985.

128. A. Scheuerbrandt, Südwestdeutsche Stadttypen und Städtegruppen bis zum frühen 19. Jahrhundert. Heidelberg 1972.

129. H. Schilling, Niederländische Exulanten im 16. Jahrhundert. Ihre Stellung im Sozialgefüge und im religiösen Leben deutscher und englischer Städte. Gütersloh 1972.

130. H. Schilling, Die niederländischen Exulanten des 16. Jahrhunderts. Ein Beitrag zum Typus der frühneuzeitlichen Konfessionsmigration, in: GWU 43 (1992) 67–78.

131. A. Schindling, Humanistische Hochschule und Freie Reichsstadt. Gymnasium und Akademie in Straßburg 1538–1621. Wiesbaden 1977.

132. A. Schindling, Die Universität Gießen als Typus einer Hochschulgründung, in: Academia Gissensis. Hrsg. von P. Moraw/V. Press. Marburg 1982, 83–113.

133. V. Schmidtchen, Festung, Garnison, Bevölkerung. Wesel 1982.

134. H. Schultz, Kleinstädte im 17. und 18. Jahrhundert, in: JbRegG 14 (1987) 209–217.

135. H. K. Schulze (Hrsg.), Städtisches Um- und Hinterland in vorindustrieller Zeit. Köln/Wien 1985.

135a T. SCOTT, Freiburg and the Breisgau. Town-Country Relations in the Age of Reformation and Peasants' War. Oxford 1986.

136. H. STOOB, Die Hanse und Europa bis zum Aufgang der Neuzeit, in: Weltpolitik, Europagedanke, Regionalismus. Festschrift für Heinz Gollwitzer. Hrsg. von H. Dollinger. Münster 1982, 1–17.

137. H. STOOB (Hrsg.), See- und Flußhäfen. Köln/Wien 1986.

138. W. STROMER, Der innovative Rückstand der hansischen Wirtschaft, in: Beiträge zur Wirtschafts- und Sozialgeschichte des Mittelalters. Hrsg. von K. Schulz. Köln/Wien 1976, 204–217.

139. W. STUBENVOLL, Die deutschen Hugenottenstädte. Frankfurt 1990.

140. J. DE VRIES, European Urbanization 1500–1800. London 1984.

141. H. VAN DER WEE, De Industriele Ontwikkeling in de Nederlanden tijdens de 17de en 18de eeuw, in: Mededelingen van de Koninklijke Academie van Wetenschappen van Belgie. Letteren 46 (1984) 59–77.

142. H. VAN DER WEE, Industrial Dynamics and the Process of Urbanization and De-Urbanization in the Low Countries. A Synthesis, in: The Rise and Decline of Urban Industries in Italy and the Low Countries. Hrsg. von H. van der Wee. Leuven 1988, 307–381.

143. G. WIEGELMANN (Hrsg.), Kulturelle Stadt-Land-Beziehungen in der Neuzeit. Münster 1978.

144. E. WOEHLKENS, Pest und Ruhr im 16. und 17. Jahrhundert. Grundlagen einer statistisch-topographischen Beschreibung der großen Seuchen, insbesondere in der Stadt Uelzen. Hannover 1954.

145. W. WORTMANN (Hrsg.), Deutsche Städtegründungen der Neuzeit. Wiesbaden 1989.

146. K.-P. ZOELLNER, Vom Strelasund zum Oslofjörd. Untersuchungen zur Geschichte der Hanse und der Stadt Stralsund in der zweiten Hälfte des 16. Jahrhunderts. Weimar 1974.

147. W. ZORN, Ein neues Bild der Struktur der ostschwäbischen Gewerbelandschaft im 16. Jahrhundert, in: VSWG 75 (1988) 153–187.

148. F. ZUNKEL, Die Bedeutung des Protestantismus für die industrielle Entwicklung Stolbergs, in: Monatshefte für Evangelische Kirchengeschichte des Rheinlands 29 (1980) 133–150.

2. Stadt und frühmoderne Staatsbildung

149. H. BEI DER WIEDEN, Rostock zwischen Abhängigkeit und Reichsunmittelbarkeit, in: Pommern und Mecklenburg. Hrsg. von R. Schmidt. Köln/Wien 1981, 111–132.

150. P. BLICKLE, Unruhen in der ständischen Gesellschaft 1300–1800. München 1988.

151. P. BLICKLE (Hrsg.), Landgemeinde und Stadtgemeinde in Mitteleuropa. Ein struktureller Vergleich. München 1991.

152. W. BLOCKMANS, Voracious States and Abstructing Cities. An Aspect of State Formation in Preindustrial Europe, in: Theory and Society 18 (1989) 733–755.

153. A. BOLDT, Das Fürsorgewesen der Stadt Braunschweig in Spätmittelalter und früher Neuzeit. Eine exemplarische Untersuchung am Beispiel des St. Thomae-Hospitals. Braunschweig 1988.

154. T. A. BRADY, Turning Swiss. Cities and Empire, 1450–1550. Cambridge 1985.

155. T. A. BRADY, Rites of Autonomy, Rites of Dependance: South German Civic Culture, in: Religion and Culture in the Renaissance and Reformation. Hrsg. von S. E. Ozment. Kirksville 1989, 9–23.

156. O. BRUNNER, Souveränitätsproblem und Sozialstruktur in den deutschen Reichsstädten der frühen Neuzeit, in: ders., Neue Wege der Verfassungs- und Sozialgeschichte. 2. Aufl. Göttingen 1968, 294–321.

157. G. BUCHSTAB, Reichsstädte, Städtekurie und Westfälischer Friedenskongreß. Zusammenhänge von Sozialstruktur, Rechtsstatus und Wirtschaftskraft. Münster 1976.

158. N. BULST/J.-P. GENET (Hrsg.), La Ville, la bourgeoisie et la genèse de l'état moderne (XIIe–XVIIIe siècles). Paris 1988.

159. H. CONRAD, Die verfassungsrechtliche Bedeutung der Reichsstädte im Deutschen Reich, in: Studium Generale 16 (1963) 493–500.

160. G. DILCHER, Zur Geschichte und Aufgabe des Begriffs Genossenschaft, in: Recht, Gericht, Genossenschaft und Policey. Hrsg. von G. Dilcher/B. Diestelkamp. Berlin 1986, 114–123.

161. M. DINGES, Die Ehre als Thema der Stadtgeschichte. Eine Semantik im Übergang vom Ancien Régime zur Moderne, in: ZHF 16 (1989) 409–440.

162. W. EBEL, Die Hanse in der deutschen Staatsrechtsliteratur des 17. und 18. Jahrhunderts, in: Hansische Geschichtsblätter 65/66 (1940/41) 145–169.

163. W. EHBRECHT, Zu Ordnung und Selbstverständnis städtischer Gesellschaft im späten Mittelalter, in: BlldtLG 10 (1974) 83–103.

164. W. EHBRECHT, Form und Bedeutung innerstädtischer Kämpfe im Übergang vom Mittelalter zur Neuzeit: Minden 1405–1535, in: Städtische Führungsgruppen und Gemeinde in der werdenden Neuzeit. Hrsg. von W. Ehbrecht. Köln/Wien 1980, 115–152.

165. K. EILER, Stadtfreiheit und Landesherrschaft in Koblenz. Untersuchungen zur Verfassungsentwicklung im 15. und 16. Jahrhundert. Wiesbaden 1980.

166. K. FRIEDLAND, Der Kampf der Stadt Lüneburg mit ihren Landesherren. Stadtfreiheit und Fürstenhoheit im 16. Jahrhundert. Hildesheim 1953.

167. C. R. FRIEDRICHS, Politik und Sozialstruktur in der deutschen Stadt des 17. Jahrhunderts, in: Stände und Gesellschaft im Alten Reich. Hrsg. von G. Schmidt. Wiesbaden/Stuttgart 1989, 151–170.

168. H. HARNISCH, Bauer – Feudaladel – Städtebürgertum. Weimar 1980.

169. H. D. HEIMANN, Gegenfeste im Spektrum stadtbürgerlicher Kultur und gesellschaftlichen Wandels. Über Prozessions- und Fastnachtsfeiern als Medium und Zeigefelder partizipatorischer Botschaften, in: Mediaevistik 2 (1989) 173–184.

170. H. D. HEIMANN, Stadtideal und Stadtpatriotismus in der „Alten Stadt" am Beispiel der „Laudationes Coloniae", in: Historisches Jahrbuch 111 (1991) 3–27.

171. W. HINZ, Braunschweigs Kampf um die Stadtfreiheit 1492–1671. Bibliographie der Streitschriften zwischen Braunschweig und Wolfenbüttel. Bremen 1977.

172. E. ISENMANN, Reichsstadt und Reich an der Wende vom späten Mittelalter zur frühen Neuzeit, in: Mittel und Wege früher Verfassungspolitik. Hrsg. von J. Engel. Stuttgart 1979, 9–223.

173. R. JÜTTE, Obrigkeitliche Armenfürsorge in deutschen Reichsstädten der frühen Neuzeit. Städtisches Armenwesen in Frankfurt am Main und Köln. Köln/Wien 1984.

174. B. KIRCHGÄSSNER/G. SCHOLZ (Hrsg.), Stadt und Krieg. Sigmaringen 1989.

175. B. KIRCHGÄSSNER/W. O. KELLER (Hrsg.), Stadt an der Grenze. Sigmaringen 1990.

176. R. KOCH, Grundlagen bürgerlicher Herrschaft. Verfassungs- und sozialgeschichtliche Studien zur bürgerlichen Gesellschaft in Frankfurt am Main 1612–1866. Wiesbaden 1983.

177. F. LAU, Der Bauernkrieg und das angebliche Ende der lutherischen Reformation als spontane Volksbewegung, in: Luther Jahrbuch 26 (1959) 109–34.

178. A. LAUFS, Zur verfassungsgeschichtlichen Einheit und korporativen Politik der schwäbischen Reichsstädte in der frühen Neuzeit, in: Jahrbuch für Geschichte der oberdeutschen Reichsstädte 15 (1969) 49–79.

179. A. LAUFS, Reichsstädte und Reichsreform, in: ZSRG. G.A. 84 (1976) 172–201.

180. W. LEISER, Territorien süddeutscher Reichsstädte, in: Z. f. bayer. Landesgesch. 38 (1975) 967–981.

181. C. VON LOOZ-CORSWAREM, Das Finanzwesen der Stadt Köln im 18. Jahrhundert. Köln 1978.

182. E. MASCHKE/J. SYDOW (Hrsg.), Städtisches Haushalts- und Rechnungswesen. Sigmaringen 1977.

183. M. MEYN, Die Reichsstadt Frankfurt vor dem Bürgeraufstand von 1612 bis 1614. Struktur und Krise. Frankfurt am Main 1980.

184. O. MÖRKE, Der „Konflikt" als Kategorie städtischer Sozialgeschichte des 16. Jahrhunderts, in: Beiträge zum spätmittelalterlichen Städtewesen. Hrsg. von B. Diestelkamp. Köln/Wien 1982, 144–161.

185. E. MÜLLER-MERTENS, Bürgerlich-städtische Autonomie in der Feudalgesellschaft – Begriff und geschichtliche Bedeutung, in: K. Fritze/E. Müller-Mertens/W. Stark (Hrsg.), Autonomie, Wirtschaft und Kultur der Hansestädte. Weimar 1984, 11–34.

186. P. MÜNCH (Hrsg.), Ordnung, Fleiß und Sparsamkeit. Texte und Dokumente zur Entstehung der „bürgerlichen Tugenden". München 1984.

187. E. NAUJOKS, Obrigkeitsgedanke, Zunftverfassung und Reformation. Studien zur Verfassungsgeschichte von Ulm, Eßlingen und Schwäbisch Gmünd. Stuttgart 1958.

188. E. NAUJOKS (Hrsg.), Kaiser Karl V. und die Zunftverfassung. Ausgewählte Aktenstücke zu den Verfassungsänderungen in den oberdeutschen Reichsstädten (1547–1556). Stuttgart 1985.

189. M. NEUGEBAUER-WÖLK, Reichsstädtische Reichspolitik nach dem Westfälischen Frieden, in: ZHF 17 (1990) 27–48.
190. G. PFEIFFER, Der Augsburger Religionsfrieden und die Reichsstädte, in: Z. des histor. Ver. für Schwaben 61 (1955) 213–321.
191. V. PRESS, Reichsstadt und Revolution, in: Stadt und wirtschaftliche Selbstverwaltung. Hrsg. von B. Kirchgässner/E. Naujoks. Sigmaringen 1987, 9–59.
192. F. QUARTHAL, Die Verfassungsänderungen in Städten Vorderösterreichs im Rahmen der Staatsreformen Maria Theresias, in: Stadtverfassung – Verfassungsstaat – Pressewesen. Hrsg. von F. Quarthal/W. Setzler. Sigmaringen 1980, 121–138.
193. H. J. QUERFURT, Die Unterwerfung der Stadt Braunschweig im Jahre 1671. Das Ende der Braunschweiger Stadtfreiheit. Braunschweig 1953.
194. Res publica. Bürgerschaft in Stadt und Staat. Berlin 1988.
195. H. Schilling, Bürgerkämpfe in Aachen zu Beginn des 17. Jahrhunderts. Konflikte im Rahmen der alteuropäischen Stadtgesellschaft oder im Umkreis der frühbürgerlichen Revolution?, in: ZHF 1 (1974) 175–231.
196. H. SCHILLING, Aufstandsbewegungen in der stadtbürgerlichen Gesellschaft des Alten Reiches. Die Vorgeschichte des Münsteraner Täuferreiches, 1525–1534, in: Der deutsche Bauernkrieg 1524–1526. Hrsg. von H.-U. Wehler. Göttingen 1975, 193–238.
197. H. SCHILLING, Konfessionskonflikt und Staatsbildung. Gütersloh 1981.
198. H. SCHILLING, Gab es im späten Mittelalter und zu Beginn der Neuzeit in Deutschland einen städtischen Republikanismus?, in: Republiken und Republikanismus im Europa der Frühen Neuzeit. Hrsg. von H. Koenigsberger. München 1988, 101–143.
199. G. SCHMIDT, Der Städtetag in der Reichsverfassung. Eine Untersuchung zur korporativen Politik der Freien und Reichsstädte in der ersten Hälfte des 16. Jahrhunderts. Stuttgart 1984.
200. G. SCHMIDT, Die Freien und Reichsstädte im Schmalkaldischen Bund, in: Martin Luther. Probleme seiner Zeit. Hrsg. von V. Press/D. Stievermann. Stuttgart 1986, 177–218.
201. H. R. SCHMIDT, Reichsstädte, Reich und Reformation. Korporative Religionspolitik 1521–1529/30. Stuttgart 1986.
202. H. R. SCHMIDT, Der Schmalkaldische Bund und die oberdeutschen Städte bis 1536. Ein Beitrag zur politischen Konfessionalisierung im Protestantismus, in: Zwingliana 18 (1989) 36–61.

203. W. SCHMITZ, Verfassung und Bekenntnis. Die Aachener Wirren im Spiegel der kaiserlichen Politik (1550–1614). Frankfurt am Main 1983.

204. K. SCHREINER, „Kommunebewegung" und „Zunftrevolution". Zur Gegenwart der mittelalterlichen Stadt im historisch-politischen Denken des 19. Jahrhunderts, in: Stadtverfassung – Verfassungsstaat – Pressepolitik. Hrsg. von F. Quarthal/W. Setzler. Sigmaringen 1980, 139–168.

204a E. SCHUBERT, Ständische Repräsentation in niedersächsischen Territorien der frühen Neuzeit, in: Niedersächsisches Jb. f. Landesgeschichte, N.F. 63 (1991) 1–58.

205. H. SCHULTZ, Soziale und politische Auseinandersetzungen in Rostock im 18. Jahrhundert. Weimar 1974.

206. G. SCHWERHOFF, Köln im Kreuzverhör. Kriminalität, Herrschaft und Gesellschaft in einer frühneuzeitlichen Stadt. Bonn/Berlin 1991.

207. G. L. SOLIDAY, A Community in Conflict. Frankfurt Society in the 17th and early 18th Centuries. Hanover, N.H., 1974.

208. B. STIER, Fürsorge und Disziplinierung im Zeitalter des Absolutismus. Das Pforzheimer Zucht- und Waisenhaus und die badische Sozialpolitik im 18. Jahrhundert. Sigmaringen 1988.

209. M. STOLLEIS (Hrsg.), Recht, Verfassung und Verwaltung in der frühneuzeitlichen Stadt. Köln/Wien 1991.

210. G. VOGLER, Bürgertum und Staatsgewalt in der Epoche des Übergangs vom Feudalismus zum Kapitalismus, in: Jb. f. Gesch. d. Feudalismus 1 (1977) 305–331.

211. L. WIESE-SCHORN (alias Schorn-Schütte), Von der autonomen zur beauftragten Selbstverwaltung. Die Integration der deutschen Stadt in den Territorialstaat am Beispiel der Verwaltungsgeschichte von Osnabrück und Göttingen in der frühen Neuzeit, in: Osnabrücker Mitteilungen 82 (1976) 29–59.

212. Zeichen der Freiheit. Das Bild der Republik in der Kunst des 16. bis 20. Jahrhunderts. Hrsg. von D. Gamboni/G. Germann. Ausstellungskatalog Bernisches Historisches Museum. Bern 1991.

213. H. ZÜCKERT, Republikanismus in der Reichsstadt des 18. Jahrhunderts, in: Patriotismus. Hrsg. von G. Birtsch. Hamburg 1991, 53–74.

213a H. ZÜCKERT, Die wirtschaftliche und politische Funktion der süddeutschen Reichsstädte im 18. Jahrhundert, in: J. Jahn und

W. Hartung (Hrsg.), Gewerbe und Handel vor der Industrialisierung! Sigmaringen 1991, 60–69.

3. Stadt und Kirche;
christliche und jüdische Minderheiten

214. I. BÁTORI (Hrsg.), Städtische Gesellschaft und Reformation.
Stuttgart 1980.
215. F. BATTENBERG, Das europäische Zeitalter der Juden. Zur Entwicklung einer Minderheit in der nichtjüdischen Umwelt
Europas. Darmstadt 1990.
216. B. BECKER-JÁKLI, Die Protestanten in Köln. Die Entwicklung
einer religiösen Minderheit von der Mitte des 16. bis zur Mitte
des 19. Jahrhunderts. Köln 1983.
217. P. BLICKLE, Gemeindereformation. Die Menschen des 16. Jahrhunderts auf dem Weg zum Heil. München 1985.
218. P. BLICKLE/A. LINDT/A. SCHINDLER (Hrsg.), Zwingli und Europa. Zürich 1985.
219. T. A. BRADY, Ruling Class, Regime and Reformation at Strasbourg 1520–1555. Leiden 1978.
220. M. BRECHT, Die gemeinsame Politik der Reichsstädte und die
Reformation, in: ZSRG. K.A. 63 (1977) 180–263.
221. B. BRILLING, Die Entstehung der jüdischen Gemeinde in Emden (1570–1613), in: Frisia Judaica. Hrsg. von H. Reyer/M.
Tielke. Aurich 1988, 27–44.
222. G. CHAIX, Réforme et Contre Réforme catholiques. Recher-
ches sur la Chartreuse de Cologne au 16e siècle. 3 Bde. Salzburg 1991.
223. L. CHÂTELLIER, L'Europe des dévots. Paris 1987.
224. K. CZOK, Revolutionäre Volksbewegungen in mitteldeutschen
Städten zur Zeit von Reformation und Bauernkrieg, in: 450
Jahre Reformation. Berlin (DDR) 1967, 128–143.
225. H. DORMEIER, St. Rochus, die Pest und die Imhoffs in Nürnberg vor und während der Reformation, in: Anzeiger des Ger-
manischen Nationalmuseums (1985) 7–73.
225a H. H. EBELING, Die Juden in Braunschweig. Rechts-, Sozial-
und Wirtschaftsgeschichte von den Anfängen bis zur Emanzipation (1282–1848). Braunschweig 1987.
226. W. ENDERLE, Die katholischen Reichsstädte im Zeitalter der

Reformation und der Konfessionsbildung, in: ZSRG. K.A. 75 (1989) 228–269.

227. W. ENDERLE, Konfessionsbildung und Ratsregiment in der katholischen Reichsstadt Überlingen (1500–1618) im Kontext der Reformationsgeschichte der oberschwäbischen Reichsstädte. Stuttgart 1990.

228. R. FLADE, Die Würzburger Juden. Ihre Geschichte vom Mittelalter bis zur Gegenwart. Würzburg 1987.

229. E. G. FRANZ (Hrsg.), Juden als Darmstädter Bürger. Darmstadt 1984.

230. E. FRANÇOIS, Die unsichtbare Grenze. Protestanten und Katholiken in Augsburg 1648–1806. Sigmaringen 1991.

231. C. R. FRIEDRICHS, Anti-Jewish Politics in Early Modern Germany: The Uprising in Worms 1613–1617, in: Central European History 23 (1990) 91–152.

232. H.-J. GOERTZ, Pfaffenhaß und groß Geschrei. Die reformatorische Bewegung in Deutschland 1517–1529. München 1987.

233. N. GREINACHER, Die Kirche in der städtischen Gesellschaft. Soziologische und theologische Überlegungen zur Frage der Seelsorge in der Stadt. Mainz 1966.

234. K. VON GREYERZ, The Late City Reformation in Germany. The Case of Colmar, 1522–1628. Wiesbaden 1980.

235. B. HAMM, Frömmigkeit als Gegenstand theologiegeschichtlicher Forschung. Methodisch-historische Überlegungen am Beispiel von Spätmittelalter und Reformation, in: Zeitschrift für Theologie und Kirche 74 (1977) 464–497.

236. B. HAMM, Laientheologie zwischen Luther und Zwingli, in: Kontinuität und Umbruch. Hrsg. von J. Nolte. Stuttgart 1978, 222–295.

237. B. HAMM, Stadt und Kirche unter dem Wort Gottes: das reformatorische Einheitsmodell des Nürnberger Ratsschreibers Lazarus Spengler (1479–1534), in: Literatur und Laienbildung. Hrsg. von L. Grenzmann/K. Stackmann. Stuttgart 1984, 710–731.

238. J. HANIEL, Kirchenhoheit und Kirchenregiment des Nürnberger Rates in den letzten Jahren der Reichsfreiheit und deren Übernahme durch Bayern, in: Mitteilungen des Vereins für Geschichte der Stadt Nürnberg 51 (1962) 316–422.

239. W.-D. HAUSCHILD, Kirchengeschichte Lübecks. Lübeck 1981.

240. R. P. HSIA, Gesellschaft und Religion in Münster 1535–1618.

Münster 1989 [amerikanische Originalausgabe New Haven 1984].

241. S. JAHNS, Frankfurt, Reformation und Schmalkaldischer Bund. Die Reformations-, Reichs- und Bündnispolitik der Reichsstadt Frankfurt am Main 1525–1536. Frankfurt am Main 1976.

242. S. KARANT-NUNN, Zwickau in Transition, 1500–1547: The Reformation as an Aspect of Change. Columbus/Ohio 1987.

243. H.-J. KÖHLER (Hrsg.), Flugschriften als Massenmedium der Reformationszeit. Stuttgart 1981.

244. P. LANG, Die Ulmer Katholiken im Zeitalter der Glaubenskämpfe: Lebensbedingungen einer konfessionellen Minderheit. Frankfurt am Main/Bern 1977.

245. M. LIENHARD, Religiöse Toleranz in Straßburg im 16. Jahrhundert. Stuttgart 1991.

246. G. MARWEDEL (Hrsg.), Die Privilegien der Juden in Altona. Hamburg 1976.

247. B. MOELLER (Hrsg.), Stadt und Kirche im 16. Jahrhundert. Gütersloh 1978.

248. B. MOELLER, Reichsstadt und Reformation. 2. neubearb. Aufl. Berlin 1987.

249. B. MOELLER, Die Reformation und das Mittelalter. Kirchenhistorische Aufsätze. Göttingen 1991.

250. O. MÖRKE, Rat und Bürger in der Reformation. Soziale Gruppen und kirchlicher Wandel in den welfischen Hansestädten Lüneburg, Braunschweig und Göttingen. Hildesheim 1983.

251. W. J. MOMMSEN (Hrsg.), Stadtbürgertum und Adel in der Reformation. Stuttgart 1979.

252. S. MÜLLER, Stadt, Kirche und Reformation: Das Beispiel der Landstadt Hannover. Hannover 1987.

253. H. A. OBERMAN, Stadtreformation und Fürstenreformation, in: Humanismus und Reformation. Hrsg. von L. W. Spitz. Berlin 1981, 80–130.

254. H. A. OBERMAN, Die Reformation. Von Wittenberg nach Genf. Göttingen 1986.

255. S. E. OZMENT, The Reformation in the Cities. New Haven 1975.

256. F. PETRI (Hrsg.), Bischofs- und Kathedralstädte. Köln/Wien 1976.

257. F. PETRI (Hrsg.), Kirche und gesellschaftlicher Wandel in deut-

schen und niederländischen Städten der werdenden Neuzeit.
Köln/Wien 1980.

258. R. POSTEL, Die Reformation in Hamburg, 1517–1528. Gütersloh 1986.

259. J. REGULA, Die kirchlichen Selbständigkeitsbestrebungen der Städte Göttingen, Northeim, Hannover und Hameln in den Jahren 1584–1601, in: Z. der Ges. für nieders. Kirchengesch. 22 (1917) 123–152.

260. F. REUTER, Warmaisa. 1000 Jahre Juden in Worms. 2. Aufl. Frankfurt am Main 1984.

261. L. ROPER, The Holy Household. Women and Morals in Reformation Augsburg. Oxford 1989.

262. L. ROSENTHAL, Zur Geschichte der Juden im Gebiet der ehemaligen Grafschaft Hanau. Hanau 1963.

263. H.-C. RUBLACK, Gescheiterte Reformation. Frühreformatorische und protestantische Bewegungen in süd- und westdeutschen geistlichen Residenzen. Stuttgart 1978.

264. H.-C. RUBLACK/D. DEMANDT, Stadt und Kirche in Kitzingen. Darstellung und Quellen zu Spätmittelalter und Reformation. Stuttgart 1978.

265. B. RÜTH, Reformation und Konfessionsbildung im städtischen Bereich. Perspektiven der Forschung, in: ZSRG. K.A. 77 (1991) 197–282.

266. J. SCHILDHAUER, Soziale, politische und religiöse Auseinandersetzungen in den Hansestädten Stralsund, Rostock und Wismar im 1. Drittel des 16. Jahrhunderts. Weimar 1959.

267. H. SCHILLING, Sündenzucht und frühneuzeitliche Sozialdisziplinierung (Emden 16.–19. Jahrhundert), in: Stände und Gesellschaften im Alten Reich. Hrsg. v. G. Schmidt. Stuttgart 1989, 265–302.

268. H. SCHILLING, Alternative Konzepte der Reformation und Zwang zur lutherischen Identität. Möglichkeiten und Grenzen religiöser und gesellschaftlicher Differenzierung zu Beginn der Neuzeit, in: Wegscheiden der Reformation. Alternatives Denken vom 16.–18. Jahrhundert. Hrsg. von G. Vogler. Weimar 1993.

269. H. R. SCHMIDT, Stadtreformation in Bern und Nürnberg – ein Vergleich, in: Nürnberg und Bern. Zwei Reichsstädte und ihre Landgebiete. Erlangen 1990, 81–119.

270. H. R. SCHMIDT, Die Christianisierung des Sozialverhaltens, in:

Kommunalisierung und Christianisierung. Hrsg. von P. Blickle. Berlin 1991, 113–163.

271. F. W. SCHNOOR, Die rechtliche Organisation der religiösen Toleranz in Friedrichstadt in der Zeit von 1621–1727. Husum 1976.

272. T. M. SCHRÖDER, Das Kirchenregiment der Reichsstadt Esslingen. Grundlagen – Geschichte – Organisation. Eßlingen 1987.

273. E. SCHUBERT, Stadt und Kirche in Niedersachsen vor der Reformation, in: Jahrb. d. Ges. für nieders. Kirchengesch. 86 (1988) 9–39.

274. R. W. SCRIBNER, Popular Culture and Popular Movements in Reformation Germany. London 1987.

275. G. STRAUSS, Luther's House of Learning. Baltimore/London 1978.

276. W. STRÖHM, Die Herrnhuter Brüdergemeine im städtischen Gefüge von Neuwied. Boppard 1988.

277. J. SYDOW (Hrsg.), Bürgerschaft und Kirche. Sigmaringen 1980.

278. G. VOGLER, Nürnberg: 1524/25. Studien zur Geschichte der reformatorischen und sozialen Bewegung in der Reichsstadt. Berlin (DDR) 1982.

279. S. VOLK, Peuplierung und religiöse Toleranz. Neuwied von der Mitte des 17. bis zur Mitte des 18. Jahrhunderts, in: Rhein. Vjbll. 55 (1991) 205–231.

280. P. WARMBRUNN, Zwei Konfessionen in einer Stadt. Das Zusammenleben von Katholiken und Protestanten in den paritätischen Reichsstädten Augsburg, Biberach, Ravensburg und Dinkelsbühl von 1548 bis 1648. Wiesbaden 1983.

281. U. WEISS, Die frommen Bürger von Erfurt. Die Stadt und ihre Kirche im Spätmittelalter und in der Reformationszeit. Weimar 1988.

282. E. WEYRAUCH, Konfessionelle Krise und soziale Stabilität. Das Interim in Straßburg (1548–1562). Stuttgart 1978.

283. J. WHALEY, Religious Toleration and Social Change in Hamburg, 1529–1819. Cambridge 1985.

284. R. u. T. WOHLFEIL, Nürnberger Bildepitaphien, in: ZHF 12 (1985) 129–180.

285. P. ZSCHUNKE, Konfession und Alltag in Oppenheim. Beiträge zur Geschichte von Bevölkerung und Gesellschaft einer gemischtkonfessionellen Kleinstadt in der Frühen Neuzeit. Wiesbaden 1984.

4. Kultur, Bildung, Sozialgeschichte

286. I. BÁTORI/E. WEYRAUCH, Die bürgerliche Elite der Stadt Kitzingen. Stuttgart 1982.

287. J. J. BERNS (Hrsg.), Höfische Festkultur in Braunschweig-Wolfenbüttel 1590–1666. Amsterdam 1982.

288. H. E. BÖDECKER/G. CHAIX/P. VEIT (Hrsg.), Le Livre religieux et ses pratiques. Der Umgang mit dem religiösen Buch. Göttingen 1991.

289. I. BOG, Oberdeutschland. Das Heilige Römische Reich des 16. bis 18. Jahrhunderts in Funktion. Idstein 1986.

290. H. BRÄUER, Gesellen im sächsischen Zunfthandwerk des 15. und 16. Jahrhunderts. Weimar 1989.

291. D. BREUER, Gibt es eine bürgerliche Literatur im Deutschland des 17. Jahrhunderts? Über die Grenzen eines sozialgeschichtlichen Interpretationsschemas, in: GRM. N.F. 30 (1980) 226.

292. H. BRUNNER (Hrsg.), Literatur in der Stadt. Bedingungen und Beispiele städtischer Literatur des 15. bis 17. Jahrhunderts. Göppingen 1982.

293. B. DÖLEMEYER, Die Frankfurter Juristen in der ersten Hälfte des 18. Jahrhunderts, in: Jus Commune XIV (1987) 115–136.

294. D. EBELING, Bürgertum und Pöbel. Wirtschaft und Gesellschaft Kölns im 18. Jahrhundert. Köln/Wien 1987.

295. R. ENDRES, Nürnberger Bildungswesen zur Zeit der Reformation, in: Mitteilungen des Vereins für Geschichte der Stadt Nürnberg 71 (1984) 109–128.

296. E. FRANÇOIS, Unterschichten und Armut in rheinischen Residenzstädten des 18. Jahrhunderts, in: VSWG 62 (1975) 433-465.

297. E. FRANÇOIS, Buch, Konfession und städtische Gesellschaft im 18. Jahrhundert. Das Beispiel Speyer, in: Mentalitäten und Lebensverhältnisse. Beispiele aus der Sozialgeschichte der Neuzeit. Festschrift für Rudolf Vierhaus. Göttingen 1982, 34–55.

298. E. FRANÇOIS, Koblenz im 18. Jahrhundert. Zur Sozial- und Bevölkerungsstruktur einer deutschen Residenzstadt. Göttingen 1982.

299. E. FRANÇOIS, Géographie du livre et réseau urbain dans l'Allemagne moderne, in: La Ville et l'innovation. Paris 1987, 59–74.

300. A. FRIEDRICH, Die Gelehrtenschulen in Marburg, Kassel und Korbach zwischen Melanchthonianismus und Ramismus in

der zweiten Hälfte des 16. Jahrhunderts. Darmstadt/Marburg 1983.

300a L. GALL (Hrsg.), Vom alten zum neuen Bürgertum. Die mitteleuropäische Stadt im Umbruch, 1780–1820. München 1991.

301. K. GARBER, Gibt es eine bürgerliche Literatur im Deutschland des 17. Jahrhunderts? Eine Stellungnahme zu D. Breuers gleichnamigem Aufsatz, in: GRM. N.F. 31 (1981) 462–470.

302. K. GARBER (Hrsg.), Stadt und Literatur. Akten des Osnabrükker Symposions von 1990. Tübingen 1992.

303. H.-W. HAHN, Von der „Kultur der Bürger" zur „bürgerlichen Kultur". Veränderungen in der Lebenswelt des Wetzlarer Bürgertums zwischen 1700 und 1800, in: Armut, Liebe, Ehre. Hrsg. von R. van Dülmen. Frankfurt am Main 1988, 144–185.

304. H.-W. Hahn, Altständisches Bürgertum zwischen Beharrung und Wandel. Wetzlar 1689–1870. München 1991.

305. N. HAMMERSTEIN, Res publica litteraria oder asinus in aula? Anmerkungen zur „bürgerlichen Kultur" und zur „Adelswelt", in: Res publica Guelpherbytana. Festschrift für Paul Raabe. Hrsg. Von A. Buck/M. Bircher. Amsterdam 1987, 35–68.

306. B. KIRCHGÄSSNER/F. REUTER (Hrsg.), Städtische Randgruppen und Minderheiten. Sigmaringen 1986.

307. E. KLEINSCHMIDT, Stadt und Literatur in der Frühen Neuzeit. Voraussetzungen und Entfaltung im südwestdeutschen, elsässischen und schweizerischen Städteraum. Köln/Wien 1982.

308. F. KOPITZSCH, Grundzüge einer Sozialgeschichte der Aufklärung in Hamburg und Altona. 2 Teile. Hamburg 1982.

309. H. KAMM, Studien über die Oberschichten der mitteldeutschen Städte im 16. Jahrhundert. Sachsen, Thüringen, Anhalt. Köln/Wien 1981.

310. K. KRÜGER, Sozialstruktur der Stadt Oldenburg, 1630 und 1678. Oldenburg 1986.

311. W. KÜHLMANN, Gelehrtenrepublik und Fürstenstaat. Entwicklung und Kritik des deutschen Späthumanismus in der Literatur des Barockzeitalters. Tübingen 1982.

312. W. LAUFER, Die Sozialstruktur der Stadt Trier in der frühen Neuzeit. Bonn 1973.

313. K. MALETTKE/J. VOSS (Hrsg.), Humanismus und höfisch-städtische Eliten im 16. Jahrhundert. Bonn 1989.

314. G. MEYER-STOLL, Die lübeckische Kaufmannschaft des 17. Jahrhunderts unter wirtschafts- und sozialgeschichtlichen Aspekten. Frankfurt am Main 1989.

315. M. MITTERAUER, Grundtypen alteuropäischer Sozialformen. Haus und Gemeinde in vorindustriellen Gesellschaften. Stuttgart 1979.

316. B. MOELLER (Hrsg.), Studien zum städtischen Bildungswesen des späten Mittelalters und der frühen Neuzeit. Göttingen 1983.

317. H. MÖLLER, Die kleinbürgerliche Familie im 18. Jahrhundert. Verhalten und Gruppenkultur. Berlin 1969.

318. W. NEUGEBAUER, Absolutistischer Staat und Schulwirklichkeit in Brandenburg-Preußen. Berlin 1985.

319. H. NEUMANN, Der Buchbesitz Tübinger Bürger von 1750 bis 1850, Diss. phil. Tübingen 1955. Selbstverlag München 1978.

320. I. NICOLINI, Die politische Führungsschicht in der Stadt Köln gegen Ende der reichsstädtischen Zeit. Köln/Wien 1979.

321. F. QUARTHAL, Leseverhalten und Lesefähigkeit in Schwaben vom 16. bis zum 19. Jahrhundert, in: Die Alte Stadt 16 (1989) 339–350.

322. H. SCHILLING, Wandlungs- und Differenzierungsprozesse innerhalb der bürgerlichen Oberschichten West- und Nordwestdeutschlands im 16. und 17. Jahrhundert, in: Schichtung und Entwicklung der Gesellschaft in Polen und Deutschland. Hrsg. von M. Biskup/K. Zernack. Wiesbaden 1983, 121–173.

323. H. SCHILLING/H. DIEDERIKS (Hrsg.), Bürgerliche Eliten in den Niederlanden und in Nordwestdeutschland. Köln/Wien 1985.

324. A. SCHÖNE (Hrsg.), Stadt – Schule – Universität – Buchwesen und die deutsche Literatur im 17. Jahrhundert. München 1976.

325. P. E. SCHRAMM, Neun Generationen. Dreihundert Jahre deutscher „Kulturgeschichte" im Lichte der Schicksale einer Hamburger Bürgerfamilie, 1648–1948. 3 Bde. Göttingen 1963.

326. K. SIEH-BURENS, Oligarchie, Konfession und Politik im 16. Jahrhundert. Zur sozialen Verflechtung der Augsburger Bürgermeister und Stadtpfleger 1518–1618. München 1986.

327. K. VETTER, Die soziale Struktur brandenburgischer Kleinstädte im 18. Jahrhundert, untersucht am Beispiel der landesherrlichen Mediatstädte, in: Jahrbuch für Wirtschaftsgeschichte (1969) 225–263.

328. H. WELLENREUTHER (Hrsg.), Göttingen 1690–1755. Studien zur Sozialgeschichte einer Stadt. Göttingen 1989.

329. M. E. Wiesner, Working Women in Renaissance Germany. New Brunswick 1986.

Verzeichnis der Karten und Tabellen

I. Karten

II. Tabellen

Register

Das Register umfaßt geographische Begriffe (Orts-, Länder- und Fluß-
namen) und Personennamen. Die Aufnahme einer knappen Auswahl von
Sachbetreffen und analytischer Fachtermini erschien sinnvoll. Regierende
Fürsten stehen unter ihren Vornamen. Autorennamen sind durch KAPITÄL-
CHEN gekennzeichnet.

1. Personenregister

2. Ortsregister

3. Sachwortregister

Enzyklopädie deutscher Geschichte
Themen und Autoren

Mittelalter

Frühe Neuzeit

Der frühneuzeitliche Hof / Rainer A. Müller
Die Stadt in der Frühen Neuzeit / Heinz Schilling
Armut, Unterschichten, Randgruppen in der Frühen Neuzeit /
Wolfgang von Hippel
Unruhen in der ständischen Gesellschaft 1300–1800 / Peter Blickle
Geschichte des Judentums vom 16. bis zum Ende des 18. Jahrhunderts /
Stefi Jersch-Wenzel

Die deutsche Wirtschaft im 16. Jahrhundert / Franz Mathis — Wirtschaft
Die Entwicklung der Wirtschaft im Zeitalter des Merkantilismus 1620–1800 /
Rainer Gömmel
Landwirtschaft in der Frühen Neuzeit / Walter Achilles
Gewerbe in der Frühen Neuzeit / Wilfried Reininghaus
Handel und Verkehr, Banken und Versicherungen in der Frühen Neuzeit /
Wolfgang Behringer

Medien in der Frühen Neuzeit / Erdmann Weyrauch — Kultur, Alltag,
Bildung und Wissenschaft in der Frühen Neuzeit 1650–1800 / — Mentalitäten
Anton Schindling
Die Aufklärung / N.N.
Lebenswelt und Kultur des Bürgertums in der Frühen Neuzeit /
Bernd Roeck
Lebenswelt und Kultur der unterbürgerlichen Schichten in der Frühen
Neuzeit / Günther Lottes

Die Reformation. Voraussetzungen und Durchsetzung / Bob Scribner — Religion und
Konfessionalisierung im 16. Jahrhundert / Heinrich Richard Schmidt — Kirche
Kirche, Staat und Gesellschaft im 17. und 18. Jahrhundert / N.N.
Religiöse Bewegungen in der Frühen Neuzeit / Hans-Jürgen Goertz

Das Reich in der Frühen Neuzeit / Helmut Neuhaus — Politik, Staat,
Landesherrschaft, Territorien und Staat in der Frühen Neuzeit / — Verfassung
Winfried Schulze
Die Entwicklung der landständischen Verfassung / Franz Quarthal
Vom aufgeklärten Reformstaat zum bürokratischen Staatsabsolutismus /
Walter Demel

Das Reich im Kampf um die Hegemonie in Europa 1521–1648 / — Staatensystem,
Alfred Kohler — internationale
Altes Reich und europäische Staatenwelt 1648–1806 / Heinz Duchhardt — Beziehungen

19. und 20. Jahrhundert

Demographie des 19. und 20. Jahrhunderts / — Gesellschaft
A. Gräfin zu Castell Rüdenhausen
Geschichte des deutschen Adels im 19. und 20. Jahrhundert / H. Reif
Geschichte der Familie im 19. und 20. Jahrhundert / Andreas Gestrich
Urbanisierung im 19. und 20. Jahrhundert / Klaus Tenfelde
Soziale Schichtung, soziale Mobilität und sozialer Protest im 19. und
20. Jahrhundert / Josef Mooser
Von der ständischen zur bürgerlichen Gesellschaft / Lothar Gall
Das Bürgertum im 19. und 20. Jahrhundert / Dieter Hein
Die Angestellten im 19. und 20. Jahrhundert / Günther Schulz
Die Arbeiterschaft im 19. und 20. Jahrhundert / Gerhard Schildt

Juden und jüdische Gemeinschaften in Deutschland 1780–1918 / Shulamit
Volkov
Geschichte des deutschen Judentums 1914–1945 / Moshe Zimmermann

Wirtschaft Vorgeschichte, Verlauf und Charakter der deutschen industriellen
Revolution / Hans-Werner Hahn
Die Entwicklung der Wirtschaft im 20. Jahrhundert /
Wilfried Feldenkirchen
Agrarwirtschaft und ländliche Gesellschaft
im 19. Jahrhundert / Hartmut Harnisch
Gewerbe und Industrie im 19. und 20. Jahrhundert / Toni Pierenkemper
Handel und Verkehr im 19. Jahrhundert / Karl Heinrich Kaufhold
Handel und Verkehr im 20. Jahrhundert / Horst A. Wessel
Banken und Versicherungen im 19. und 20. Jahrhundert / Eckhard Wandel
Staat und Wirtschaft im 19. Jahrhundert (bis 1914) / Rudolf Boch
Staat und Wirtschaft im 20. Jahrhundert / Gerold Ambrosius

Kultur, Alltag, Kultur, Bildung und Wissenschaft im 19. Jahrhundert / Rüdiger vom Bruch
Mentalitäten Kultur, Bildung und Wissenschaft im 20. Jahrhundert / Horst Möller
Lebenswelt und Kultur des Bürgertums im 19. und 20. Jahrhundert /
Dieter Langewiesche
Lebenswelt und Kultur der unterbürgerlichen Schichten im
19. und 20. Jahrhundert / Wolfgang Kaschuba

Religion und Formen der Frömmigkeit in einer säkularisierten Gesellschaft /
Kirche Werner K. Blessing
Kirche, Politik und Gesellschaft im 19. und 20. Jahrhundert /
Gerhard Besier

Politik, Staat, Der Deutsche Bund und das politische System der Restauration 1815–1866 /
Verfassung Wolfram Siemann
Verfassungsstaat und Nationsbildung 1815–1871 / Elisabeth Fehrenbach
Die innere Entwicklung des Kaiserreichs / Hans-Peter Ullmann
Die innere Entwicklung der Weimarer Republik / Peter Steinbach
Das nationalsozialistische Herrschaftssystem / Ulrich v. Hehl
Die Bundesrepublik. Verfassung, Parlament und Parteien / Adolf M. Birke
Die Innenpolitik der Deutschen Demokratischen Republik /
Günther Heydemann

Staatensystem, Die deutsche Frage und das europäische Staatensystem 1815–1871 /
internationale Anselm Doering-Manteuffel
Beziehungen Deutsche Außenpolitik 1871–1918 / Klaus Hildebrand
Die Außenpolitik der Weimarer Republik / Franz Knipping
Die Außenpolitik des Dritten Reiches / Marie-Luise Recker
Die Außenpolitik der Bundesrepublik Deutschland / Gregor Schöllgen
Die Außenpolitik der Deutschen Demokratischen Republik /
Alexander Fischer

(Stand: Februar 1993)